跟课文
学写作

曹静 ◎ 著

重庆大学出版社

图书在版编目(CIP)数据

跟课文学写作 / 曹静著. --重庆:重庆大学出版
社,2021.9
ISBN 978-7-5689- 2951-6

Ⅰ.①跟… Ⅱ.①曹… Ⅲ.①作文课—教学研究—中
学 Ⅳ.①G633.342

中国版本图书馆 CIP 数据核字(2021)第 182646 号

跟课文学写作
GEN KEWEN XUE XIEZUO

曹 静 著

责任编辑:赵艳君 黄永红 版式设计:赵艳君
责任校对:王 倩 责任印制:赵 晟

*

重庆大学出版社出版发行
出版人:饶帮华
社址:重庆市沙坪坝区大学城西路 21 号
邮编:401331
电话:(023) 88617190 88617185(中小学)
传真:(023) 88617186 88617166
网址:http://www.cqup.com.cn
邮箱:fxk@ cqup.com.cn(营销中心)
全国新华书店经销
重庆市正前方彩色印刷有限公司印刷

*

开本:720mm×1020mm 1/16 印张:17.25 字数:248 千
2021 年 11 月第 1 版 2021 年 11 月第 1 次印刷
ISBN 978-7-5689- 2951- 6 定价:56.00 元

序言一

青春中国的集体人格，就是青春语文的集体人格

王　君

写这篇序言时，正值 2019 年的"十一"，祖国 70 周年华诞，在举国欢腾之际，我也一次一次地热泪盈眶：为我们的身逢盛世，为内心涌动着的要为伟大的祖国奉献和担当的激情。

青春语文名师工作室有自己向国庆献礼的方式：今年，我自己，有三本新书付梓。而我的姐妹们（有十位），也已经，或即将出版自己的专著。

我们用自己的文字，用自己近二十年来在教育一线沉淀下来的最珍贵的心血，向伟大的祖国母亲汇报：我们配得上这个伟大的时代，我们无愧于这个伟大的时代。

我站立的地方，就是中国！

我怎么样，中国就怎么样！

我和我事业的样子，就是中国的样子！

我为姐妹们自豪！

我为青春语文名师工作室自豪！

我可不可以这样说：青春语文名师工作室，也是一个缩小版的中国。我们只是中华大地上的一个草根团队，我们不依靠任何行政力量。但五年来，"语文湿地"汇聚的来自五湖四海的兄弟姐妹已突破十万名，而在此基础上诞生的青春语文名师工作室虽然不到三岁，但筋骨强健，硕果累累，一派昂扬向上的青春气象。

我们是最普通的教师，但我们也是最有实干精神的中国人。

我们是最草根的语文教师，但我们也是最有开拓精神的中国人。

我们站在一起，就是青春语文的集体人格，就是青春中国的集体人格。

近三年来，从学术方面来说，青春语文名师工作室在干两件事情。一是"青春语文"内涵的确定和拓宽。我们要经由语言文字的学习探索生命幸福之道，我们要打通教法和活法！这个基本追求已经渐渐成为每一位青春语文人的共识。二是"青春课堂"要落地，要帮助到更多的一线老师，要让更多的青春语文理念的实践者拿得到、拿得稳课堂操作的抓手。所以，我们在持续地进行"文本特质与课型创新""群文教学视野下的文本特质与课型创新""整本书阅读教学视野的文本特质与课型创新"的研究。相关的成果，近三年来，也在全国中文核心期刊《中学语文教学参考》(B 刊)以"青春语文专栏"的形式持续推出，每年 11 期，已经产生了非常好的社会影响。

而近三年来我们干得更有价值的事情是学术之外的，我们在帮助工作室内的、越来越多的老师体验青春语文的修炼之道：见自我，见天地，见众生。经由语文教学的研究看见更广袤辽远的生命天空，从拥有学术视野到拥有精神视野，从为了自我发展走向为了祖国民族的发展、为了人类共同利益的发展。我们相信，青春语文，绝不仅仅是一种语文追求，它本质上是一种促进灵魂青春的追求：我们和我们自己，我们和我们的祖国，我们和我们的地球，都将永远奋斗在青春期！

所以，打开这套丛书，你看到的，不仅仅是和部编版新教材同行的一堂一堂精彩纷呈的青春语文课，你拿来即可学即可用，你即将看到的，更是青春语文人气象万千的精神世界：她们把自己的身心安驻在祖国大地的一所所最普通的学校里，她们把自己的工作当作事业，她们以自己的课堂为天堂，一个个平凡的生命，因为有了孜孜不倦的探索和创造，而拥有了属于个体的崇高感和壮美感。

这次出书的姐妹们都是青春语文名师工作室最可爱的人。

你会读到晓琳的文章，看到她和死神正面交手之后如何玩转语文和心理学。

你会读到秋备的文章，作为年轻的教研员，不离课堂的她是怎样做到依旧拥有着丰沛的创新能量的。

你会读到春霞的文章,短短几年,她实现了凤凰涅槃般的转变,她的课堂中有她激流勇进的奥妙。

你会读到修影的文章,在大北京,要能够站稳自己的讲台何其艰难,要形成自己的风格何其艰难,她一个小女子是如何扛住来自京城的压力的?

你会读到凤云的文章,她坚守在河北边远地区的农村中学,她的研究课题却是最前沿的整体阅读,她靠什么活出了大气象、新气象?

你会读到海波的文章,这位有着金嗓子的江苏姑娘,是怎么样让自己的课堂也回响着金石之音的?

你会读到张娟的文章,你会看到一个因为普通话太普通而专业发展受限的老师是如何靠开拓课堂为自己在墙上开窗的。

你会读到晶晶的文章,这位妖娆精致的重庆姑娘,是怎么样把最深沉、厚重的思辨融入自己的青春课堂的。

······

青春语文名师工作室的其他姐妹,还在其他的地方,以更加丰富多彩的形式,和这一次的国庆献礼遥相呼应:

你已经读到了艳平的文章,这个在浙江闯荡三年就已经被加冕"浙派名师"的山西小女子,她的第二本书已经呼之欲出了。

你即将读到望军的文章,这位"语文湿地"的第一才女早已著作等身。

你即将读到海芹的文章,她的典雅因为长在红尘中而更加可亲可爱。

你即将读到忠玉的文章,她的古诗文课堂的汪洋恣肆无愧于人才辈出的大江苏。

你即将读到曹静的文章,她的跟课文学写作的系列研究散发着稻米和大麦的香气。

······

青春语文名师工作室的兄弟姐妹们,就这样站在大江南北,站立在祖国的一个个最平凡的校园中:用自己的课堂,诠释自己的人格;用自己的人格,诠释青春语文的集体人格;用青春语文的集体人格,诠释青春中国的集体人格。

青春中国,有海纳百川的心胸,这就是青春语文人的集体人格之心胸。

青春中国,有有容乃大的格局,这就是青春语文人的集体人格之格局。

青春中国,有愚公移山的精神,这就是青春语文人的集体人格之精神。

青春中国,有三省吾身的能量,这就是青春语文人的集体人格之能量。

青春中国,有泽被世界的情怀,这就是青春语文人的集体人格之情怀。

……

我们将永远和共和国共同成长!

祖国的事业,就是青春语文的事业!

以此祝贺姐妹们的新著出版。

2019 年 10 月 3 日

于松山湖畔清澜山学校

【王君】

北京清华附中语文特级教师,广东清澜山学校首席语文教师,百年中国语文人,首届全国中语十大学术领军人物,2015 年全国教育改革先锋教师,全国初中语文名师工作室发展联盟理事长,中国语文报刊协会课堂教学分会副会长。她的 20 篇文章被中国人民大学报刊复印资料全文转载,出版专著 21 部,其语文教学经验和班主任工作经验在全国都有广泛的影响力。

【青春语文名师工作室简介】

青春语文名师工作室是由王君老师领衔,以青春语文"经由语言文字的学习探索生命幸福之道""打通教法与活法"为核心追求的教研团队。该工作室是依托网络著名教研平台"语文湿地"发展起来的,现有全国各地"粉丝"超 10 万人,核心成员 50 余人,均是各省市的骨干名师。

序言二

静静生长，忽而参天

法洪雪

与曹静老师相识有七八年了，渐渐成为合作者，渐渐成为好友，渐渐成为专业成长路上的伴儿！甚好！

我入选第三期齐鲁名师建设工程，曹静发来"贺电"，我说："来，我们一起学起来。"2019年6月，曹静入选第四期齐鲁名师建设工程，我发去"贺电"，说："来，我要跟你一起，再学一轮。"

2019年10月，第四期齐鲁名师建设工程人选课题立项会议，我们竟然同在——曹静是学员，我成了实践导师。她坐在我曾经坐过的地方陈述自己的课题，我坐在了我的导师曾经坐过的地方，听她说课题。恍惚间，仿佛时空穿越：那是一次国培活动，我和曹静在五六年的相识后，终于有了真正意义上的一次见面和相处。我们行走在国培的师范院校的小径上，她问我齐鲁名师工程的情况，我问她课题研究的进程。她羡慕我有一个研究的工作室团队，我羡慕她有自己独立研究和带同事一起研究的劲头儿。谈起她的研究项目，曹静滔滔不绝：跟着课本学写作啊，部编版的写作课啊，写作量表怎么用啊……坐在答辩桌前的曹静还是当年那个曹静，只是内涵深刻了很多，她当年的很多想法已经在一点一点的努力之下结出了果实。所以当我听到曹静说的那句："洪雪，我的书要出版了，你给我写个序言吧。"我竟然有些想拊掌大笑，然后再举起青岛啤酒干一杯的痛快感——因为我懂这个静静成长的曹静老师。

她很勤奋。勤奋到我这样的"拼命三郎"都觉得她勤奋得过分。隔三岔五，我就会收到曹静发来的教学设计、教学实录、教学论文，并说："洪雪，你给看看……"讲真，"看看"，再"想想"就需要两三个小时，那曹静老师的"写写"，是需要多少时间呢？更何况，她和每个老师都一样，两个班级的语文课，每天都是满满当当的教学任务，再加上一些杂七杂八的事情，哪里来的时间？对了，大家都猜到了，是在很深的夜晚，曹静老师坐在了自己的书桌前，或者奋笔疾书，或者皱着眉头思索。这一点，是完全可以在我这里得到验证的，因为我收到这些"洪雪，你给看看"的文章的时间，最早是晚上9点，最晚（也是最早？）是凌晨3点多……是的，曹静是每个在专业成长路上有成长愿望的老师的勤奋的标杆。她在王君老师的"语文湿地"栖居，每过一段时间就有新的作品问世，我问"是不是很累呢？"曹静说："多好啊，有这样一个团队，带着咱们一起行进，还有师父、同仁帮我修正教学主张，我真的累并幸福着。"幸福着这样一个静静成长的老师的幸福，我也觉得很幸福。嗯，感觉甚佳。

她很执拗。对，很执拗。在学术研究方面，曹静有自己的一套路子。那次她在"闷"自己的课题开题报告，在几个关键词的选择方面，我和她产生了分歧，争执不下。我呢，争论完了，该干什么干什么，转身就忘记了。几天后，我收到了曹静老师发来的一组和课题相关的文献综述，只是为了证明自己争论的正确性。细细看来，这家伙搜罗了古今中外与此课题有关的研究，条分缕析地梳理，且在综述部分罗列四五条跟我当天的意见相左的研究，对，就像故意气我似的，还用红色笔标注出来。好吧，我拗不过你，我服了，这总可以吧？不过，奇怪的是，我仿佛也天性执拗，后面的学术争论，该争还是争，谁有问题谁就点火，该谁熄火谁就熄火。我们的情分也在不断点火、熄火的过程中一次次加深，以至于到了今天可以为这个家伙写个序言的地步。嗯，感觉甚佳。

当然，她也有谦虚的时候。不对，这句话应该这么说：曹静老师是一名谦虚的老师。其实我要说的是，每次谦虚的请教都是曹静在努力做到最好。哪怕她请教的对象——我并不比她高明多少。一次外出讲座，曹静老师被要求讲论文写作方面的知识，打电话给我，一条条地跟我说她要讲什么内容，然后问这样可不可以、那样是否行得通。我还记得有次接到她电话的时候，我正在和朋友吃饭。因为饭店太吵，我就出去接听电话。当时已经是初冬，我穿得不多。这家伙，一通电话把我冻了个透心凉。但是，我非常理解而且非常愿意参与这样的"电话研讨"，在和曹静老师一起谈论怎么做好这场讲座的电话里，我自己关于如何进行论文写作的概念也更加清晰了。嗯，感觉甚佳。

甚佳的，还有今天曹静老师呈现在我案头的这份书稿。呵！这家伙，竟然闷出了一本写作教学的大作。再细细翻看，里面的案例、课评不就是我们俩经常讨论的那些教学设计和教学观念吗？在碎碎念的每一个时刻里，曹静启动着自己的写作教学的高速运转的马达。曹静的写作教学研究，像她的名字一样，很安静，安静的人，就可以很细致地感知到文本可以用作写作教学的那些"点"。从这些课例中，我们就可以窥见曹静的细致：跟《回忆鲁迅先生》学写"笑"；跟《台阶》学数词传神；跟《列夫·托尔斯泰》学比喻传神；跟《社戏》学以景传情；跟《土地的誓言》学写"乡情"；跟《邓稼先》学写人物精神；跟《春》学美感之"物我交融"；跟《伤仲永》学蓄势陡转；跟《阿长与〈山海经〉》学详略得当；以《重返狼群》为例，谈"学写观后感"。这些课例，从课内文本到课外文本，从浅层次的写一个小动作到深层次的写出精髓，从一点点的片段练习到整篇作文的结构指导，无不体现了曹静老师的匠心独运和"漂白了四壁"的研究精神。是的，漂白了四壁，在三四年一千多个日夜流转中，有多少个灯光亮到凌晨的夜，曹静老师用自己的执着耕耘，让跟着课文学写作系列课例在这样的笔耕不辍中悄然成书。而我也有幸"观摩"了整个过程，有幸陪着曹静老师一路研究一路欢歌。

而今，我在齐鲁名师实践导师的群体中，看得到曹静老师认真陈述自己的研究方向。一刹那的恍惚，眼前浮现一幕幕我与这个静静成长的伙伴的交流和碰撞，忽然就蹦出了这八个字：静静生长，忽而参天！

如此，甚好。

【法洪雪】

胶州市初中语文教研员,齐鲁名师、山东师范大学硕士生实践导师、青岛市优秀教师、青岛市学科带头人、青岛市教学能手,领衔青岛市初中语文名师工作室、青岛市初中语文学科基地。获山东省优质课比赛、全国信息化大赛、山东省电教优质课比赛等各级各类优质课比赛一等奖十余次。提出了"趣味语文"的教学主张,发表专业论文三十余篇,出版著作《作文之舞》;其研究成果受到关注,先后受邀到江苏、河北、贵州、甘肃,以及山东的菏泽、烟台、枣庄、济宁、威海等地授课、做报告三十余次。

目 录

第一辑　百草园的词语会说话

第二辑 "群"生彩凤双飞翼

第一辑

百草园的词语会说话

跟"百草园"学妙语连珠

教　材	部编版教材七年级上册第三单元
篇　目	《从百草园到三味书屋》
写作知识	名词、动词、形容词的运用技巧

教师解读

百草园,让人不由自主地想到那灿烂春光里的童真,那无味冬天里的童趣,那自由玩耍中的幻想。这些从哪里来? 从那些会说话的词语里来。

一、百草园的名词会说话

百草园里写了多少种事物? 菜畦、石井栏、皂荚树、桑葚、鸣蝉、黄蜂、叫天子、油蛉、蟋蟀、蜈蚣、斑蝥、何首乌、木莲、覆盆子,在一个 313 个字的段落里一共写了 14 种事物。这一段的妙处,就在于列举了一大堆具体的动植物名称,让人不由得感觉到百草园里有许多的花鸟草虫。除了这些,必定还有更多,忍不住也想去百草园,翻开断砖,寻出蜈蚣、斑蝥甚至蟋蟀来。

我们经常写到各种各样的事物,自然经常用到表示事物名称的词语。准确地运用名词,会使记叙、描写更加具体、真实,使文章更添生活气息。用好名词的关键,就是避免使用概括性的泛指的"大名词",尽量用表示具体名称的"小名词"。如果你在写文章时,能恰当地运用表示事物名称的名词,文章就会显得有底蕴和厚度。

我们能不能试着去积累一类名词。写树,可以写柳树、杨树、槐树、法国梧桐、白蜡树、桃树、杏树、梨树、胡杨;写家乡的特产,可以写芝麻酥糖、锅子饼、阳信鸭梨、邹平水杏、无棣金丝小枣;写春天的花,可以写西府海棠、榆叶梅、二月兰、连翘、迎春花、紫荆、木槿、丁香、鸢尾等。请你试着选择一个关键词,看你能想起多少种事物。

【小试牛刀】

不必说清香的水杏,诱人的鸭梨,酥脆的冬枣,香甜的金丝小枣;也不必说咸香的酱菜,可口的酥糖,香喷喷的锅子饼。单是那不起眼的泥人,就有无限趣味。

(王淑婷)

不必说金黄的向日葵,洁白的梨花,火红的玫瑰;也不必说在天空中自由翱翔的大雁,在树上高歌吟唱的百灵,向水面飞去的翠鸟。单是那草地上杂乱的野花和小草,屋檐间乱叫的麻雀,草丛中蹦跶的小麻雀,就能让人感受到大自然的美妙。

(杨文璇)

二、百草园的形容词会说话

如果百草园里只有事物的罗列,那么文章也会显得很单调,所以形容词也是必不可少的。菜畦"碧绿",桑葚"紫红",这么鲜艳的颜色自然惹人爱。"肥胖"和"轻捷"更是形成鲜明的对比,一个憨态可掬,一个身手敏捷,如同《西游记》里的八戒和悟空,相映成趣。"高大的皂荚树"读起来应该把声调提高,仿佛刚才还在低头欣赏"碧绿的菜畦,光滑的石井栏",忽然抬头,就邂逅了一片青翠的浓荫,自然喜出望外。"光滑"的原因"也许是因为站在石井栏上跳下来罢",前后呼应起来。可以想象得出,作者在这石井栏上爬上跳下的情景,这里也许是作者锻炼胆量的秘密平台吧。百草园的每个形容词都饱含着童真童趣。

形容词往往用于表现事物的色彩、质感、形态等特征。个性化的形容词讲究将人的情感移植到所描写的事物中,将这些物化的主观情感呈现给读者。

【小试牛刀】

蒲湖的风景真是美不胜收。不必说平静的湖面,光滑的石子路,碧绿的草地,挺拔的树木;也不必说小鸟在树上歌唱,舒爽的风拂过脸庞,淡淡的花香沁人心脾。单是琳琅满目的娱乐设施,就足以使我们流连忘返。

(王淑婷)

不必说娇艳欲滴的玫瑰,清香幽雅的兰花,傲雪开放的蜡梅;更不必说芳香四溢的夜来香,多姿多彩的菊花,小巧可爱的勿忘我。单是那普普通通的朝颜花,便有无限的美丽。

(安冰岩)

三、百草园的动词会说话

百草园冬天捕鸟最有趣。"扫开一块雪,露出地面,用一支短棒支起一面大的竹筛来,下面撒些秕谷,棒上系一条长绳,人远远地牵着,看鸟雀下来啄食,走到竹筛底下的时候,将绳子一拉,便罩住了。"捕鸟这么一件小事,作者居然用了九个动词。鲁迅先生像拿着一个摄像机,把他喜欢的捕鸟过程"拍摄"下来,再像慢镜头一样一点一点地放给大家看。

三味书屋里老先生读书,也像在放慢镜头。"我疑心这是极好的文章,因为读到这里,他总是微笑起来,而且将头仰起,摇着,向后面拗过去,拗过去。"作者连续运用"仰起""摇着""拗过去""拗过去"等几个动词,把老先生入神读书的情态描摹了出来。

运用动词往往讲究连续使用。连续使用动词的妙处,在于可以把短时甚至瞬时的动作过程延长并细化,这样细细品味其中所包含的思想情感。鲁迅用那九个动词,不仅生动地再现了捕鸟的过程,更让我们感受到了他那颗不老的童心。先生读书时连用的动词，不仅复原了先生入神读书的场景，更寄寓了鲁迅对先生深深的怀念之情。

如果我们专门写跳远、跑步、打篮球、踢足球等运动，或者随手写身边人们日常生活的举止动作，要想写具体，不妨连续使用动词，把过程延长，把动作细化，从而达到表情达意的效果。

【小试牛刀】

打篮球

只见他一个跨步到了对方半场，左躲，右闪。敌方一个拦截，他一个转身躲避了过去。跑到三分线上，起身一跳，两手一扣，球却弹了出去，他连忙伸出手去，又接到了球，手一弯奋力一扔，球划过了一道完美的弧线，在篮筐里轻松穿过。

（孝信生）

踢足球

如果对方队员将球踢出界外，轮到我方队员发球时才好。由一个人去把球追回来，传给其他队员，将球摁在球场中间定住，退后几步，从侧面冲刺，在合适的点停下来，用脚内侧和脚背、脚尖对准后方的中下部一顶，球被踢出去好远，射向球门，却被对方队员用身体某部分挡住，把球弹到别处。

（王淑婷）

妹妹站起来了

她从垫子上爬到沙发角上，缓缓地伸出一双肉乎乎的小手，摸到沙发边缘，费尽力气想要站起来，可是双腿跪在地下怎么能站起来呢？她挣扎许久后，或许也意识到了这一点，她把头放在沙发上，腿慢慢抬起，一只脚着地，使劲儿一蹬，便站了起来。那一刻，我真想为她鼓掌！妹妹，加油吧！争取早日学会走路！

（安冰岩）

📖 **文题展示**

校园里课间操,大家一起学跳《小苹果》。请你用恰当的词语,以《小苹果》为话题,写出老师和同学们的动作、神态。

🔍 **习作示例**

胡老师跳《小苹果》

李春鹏

每当大课间活动时,我总会看到胡老师。每天他都要来看我们的队伍排列得是否整齐,而这几天老师竟然也跳起了《小苹果》。

我在最后一排,所以能看到胡老师跳《小苹果》。看他的动作,我总会不由自主地笑起来,但不敢笑得太大声,免得让老师听到。

一开始,只听见广播里喊"五、四、三、二、一,我种下一颗种子,终于长出了果实……"于是大家开始舞动了起来。跳第一节、第二节的时候,胡老师像一个活力旺盛的青年,踏着节拍,和谐有力。

在跳第三节时,胡老师就像一只左右摇摆的企鹅,显得那样笨拙。特别是在小马跳的时候,我们都是一条腿弯曲,一条腿跳,而胡老师则是一条腿撇向一边,一条腿跳。也许是因为动作太复杂了吧!

当跳到第四节时,胡老师就像一位年长的人,动作跟不上旋律,似乎已经没有我们青少年有活力了。

这就是我们胡老师跳的《小苹果》,是不是很有趣?他那种积极参与的精神,还是值得肯定的。

【曹老师点评】

课间操老师陪孩子们一起做,细心的李春鹏发现老师的动作和孩子们的不一样。"特别是在小马跳的时候,我们都是一条腿弯曲,一条腿跳,而胡老师则是一条腿撇向一边,一条腿跳。"孩子们是"弯曲",而老师的动作是"撇",写出了老师动作虽然不算熟练,却积极参与的精神。

热情的"小苹果"

丁佳盟

勤奋的太阳一步步向着天空中攀爬去,此时教室里的同学正无精打采地听着课,因为已经连续坐了两个45分钟,身上的骨头早散架了!

"丁零零,丁零零……"下课铃响了,短暂的"眼保健操"结束后,同学们一个个地站起来伸一伸懒腰,走出教室。

呼吸着初春的新鲜空气,看着鲜红的国旗随风飘扬,仿佛看到了当年解放军战士捍卫祖国的画面。课间操就要开始了,同学们一个个地排列好,等着那粗犷且高亢的声音响起,不一会儿它如期而至——"向左转,向右转!"已经排好队的同学又对正了一遍自己的位置,此时你看,不管是正看还是斜看都是一条直线,煞是壮观!

音乐响起,同学们把手高高地举在头顶上拍着,声音很齐,就像一个人在拍,只不过声音更响。不只是我们,在我们整齐的队形的左侧,还有一群热爱运动的老师们,他们也很整齐地随着音乐的节奏而摆动着身体,为首的那几个女老师单就姿势和摆动的幅度来说,她们做得非常标准。

蔚蓝的天空下我们摆动着双臂,整齐的步伐在草坪上摩擦着。踏着整齐的方阵,伴随着音乐的起伏我们的身体随风而动,是那么整齐,成为蓝天与大地之间一道靓丽的风景线。

《小苹果》做完了一段,随之而来的是一阵汗水。我不禁仰望天空,发现一队排列整齐的鸟儿在空中盘旋,也许是春天归来的燕子们路过此地，听到这首热情的《小苹果》，也觉得意犹未尽吧！

紧接着！一句粗犷的声音响起——"全体集合"。大家就迅速集合好，不敢有半点差池，随着音乐的停止，大家高涨的情绪慢慢平静下来。《小苹果》课间操里蕴含的不只有现在的欢乐，还有那学习《小苹果》课间操时的每一滴汗水。我始终相信每一个人脸上蕴含的微笑都有那一滴一滴的汗水滋润着他们的心！

【曹老师点评】

《小苹果》是学校里刚刚推广的课间操，孩子们对此非常好奇。日记里纷纷写了做《小苹果》课间操的情形。

"勤奋的太阳一步步向着天空中攀爬去"一句中，"勤奋"本来是形容学生努力的情形，在这里用于描写"太阳"，别有情趣。

"蔚蓝的天空下我们摆动着双臂，整齐的步伐在草坪上摩擦着。踏着整齐的方阵，伴随着音乐的起伏我们的身体随风而动，是那么整齐，成为蓝天与大地之间一道靓丽的风景线。""摩擦"一词，写出了队伍步伐的整齐，让人仿佛听到了"刷刷刷"的声音。

"我不禁仰望天空，发现一队排列整齐的鸟儿在空中盘旋，也许是春天归来的燕子们路过此地，听到这首热情的《小苹果》，也觉得意犹未尽吧！"侧面描写，恰到好处地写出了孩子们做《小苹果》课间操时的热情。

最美"小苹果"

崔富凡

"你是我的小呀小苹果，怎么爱你都不嫌多……"最近，学校里传出神曲《小苹果》，自从我上了初中，课间操便改成了《小苹果》。

眼保健操做完后，同学们都纷纷走出教学楼。刚刚上完了两节课，每个人多少都有点无精打采，懒懒散散地，勉强排好了队，走进操场。大家在固定的位置上站好，从北到南，依次是初一、初二、初三。最有趣的是我们队伍的北边是老师的队列。如果有一天，我能在天上看到做操的这一幕，一定会陶醉其中的。

音乐开始播放了，刚才还无精打采的同学们，好像被这音乐吵醒了似的，每个人都精神抖擞起来，挺直了腰，站得笔直，把手臂高高地举过头顶，准备做操。伴随着那活泼的音乐，同学们都努力把每一个动作做到位，该跳时跳了，该伸手时伸手了。不管是同学，还是老师；不管是刚学的，还是熟练的；不管是生病的，还是健康的，都做得很到位，很有激情。每一个都精神焕发，就连学校里检查的老师也站在那里一动不动，注视着我们，陶醉其中。

每一个年级，每一个班都有领操的同学，他们更是每一个班的"精英"了。而每个班的体育老师，每一次也总在前面看着，有时他们也会跳一跳。

而左边的老师队伍，虽然没有像我们一样有体育老师教，但他们现在跳得比大多数学生都有激情。每一次，当我跳"小马跳"时，总会看到语文老师的身影，她全神贯注地跳着，好像这就是她的舞台。每一次课间操，语文老师都不会缺席，而且我觉得她跳得比我们跳得好。当然，其他老师也不逊色。

活力四射的课间操不一会儿就结束了，只听见一句粗犷的"全体集合！各班整队带回"，每个班就以最快的速度集合，有序地走出操场。每个人都走得非常有节奏，好像还在细细地回味着刚才那愉快的过程，每个同学都显得精神焕发，老师们也愉快地走出了操场。

活力四射的《小苹果》让每一个同学都精神焕发，让每一个同学都精神百倍，让每一个同学都心情愉快，让每一个同学都有精力上剩下的每一节课。

【曹老师点评】

"音乐开始播放了,……该跳时跳了,该伸手时伸手了。""吵醒""挺直""举过头顶",一连串的动词,把孩子们抖擞精神、准备做操的精神面貌表现了出来。

课 评

"借别人的树,开自己的花"
——评曹静老师《跟"百草园"学妙语连珠》

陈海波

黄厚江老师说,阅读教学的本质,就是教师带着学生一起阅读文本,在文本阅读中有所发现,让学生在阅读的过程中学会阅读。教师是怎么让学生学会阅读的呢?不是靠阅读结论的传递,不是靠告诉式的文本讲解,不是靠各种资料的照搬,也不是靠阅读方法和秘籍的传授,而是教师自己首先对文本有比较透彻的阅读感受和体验,形成自己的思考和见解,然后用自己的阅读感受和体验去激活学生的阅读感受和体验,用自己的思考和见解激活学生的思考和见解。

曹静老师就是这一思想的有力践行者,她将自己对文本的阅读思考变成切实可操作的写作教学活动,巧妙地将阅读教学与写作教学融为一体。

一、盘活文本资源,点燃写作的兴趣

叶圣陶提出:"知识不能凭空得到,习惯不能凭空养成,必须有所凭借,那凭借就是课本。""语文教材无非是个例子,这个例子要学生能够举一反三,练成阅读和作文的熟练技能。"

对"百草园"这样一个充满无数情趣的儿童乐园来说,无疑是学生最向往的一片天地。数年来，我们似乎只关注"百草园"的有趣，但往往忽略了"百草园"缘何"有趣"，曹静老师用敏感而细腻的心，从写作的视角解读文本，捕捉教材中写作教学的"契机"，从而激发学生发现文本"秘密"的热情。

经由点拨，学生们发现了——

"百草园"的"名词"会说话——顺着"名词"，学生发现了"菜畦、石井栏、皂荚树、桑葚、鸣蝉、黄蜂、叫天子、油蛉、蟋蟀、蜈蚣、斑蝥、何首乌、木莲、覆盆子"，在一个313字的段落里找到了14种事物。

我认为这个寻找的过程比体验事物本身更有乐趣，用一双"发现"的眼睛"一网打尽"百草园里所有"风光"，这对学生来讲是一件很风光的事情。

经由"名词"，继续寻找"发现"，于是——

"百草园的形容词"也会说话，是"碧绿""紫红""肥胖""轻捷""光滑"等描述让百草园的事物不再单调，不仅使事物更加形象，而且充满了无穷的想象空间。

"百草园的动词"也会说话，冬天的百草园，"雪后捕鸟"牵动着孩子们的心灵，如此有趣是源于那几个有意思的动词啊——"扫、支、撒、系、牵、拉"等，读这些动词，谁不想找个机会练一练手呢。

关注百草园的乐趣，更关注百草园乐趣的"表现方式"，透过这些"名词、形容词、动词"，就教会了学生看"乐趣"背后的写作密码。

曹静老师引着学生从这里找到了通向生活写作的"时空隧道"。

二、关注生活经历，发现写作的素材

"百草园"能够如此美好地被鲁迅先生以文字的形式记述下来，是因为它曾经存在于他的"生活"，而这一生活经历也必定曾带给鲁迅先生精神的润泽，"情郁于中，自然要发之于外"。

今天，身在一线的老师都知道，很多学生面对作文题往往觉得无事可写，是因为缺少生活"素材"吗？生活中并不缺少"素材"，而是缺少感知"素材"的心灵。其实,只有当我们把生活中的经历视作与自身平等的生命共同体时,才会赋予它们以人的情感和精神,而写作的目的,就应该是让学生看到自我的情感和自我的心灵,然后借着文字的通道加以释放,铺就一方安放心灵的天地。

教学中,阅读和写作是一体的,发现写作素材,关注生活经历需要老师的唤醒、引导。曹老师通过发现百草园的写作视角,随即牵引学生关注身边的"生活经历",那些挺立在生活中的树,柳树、杨树、槐树、法国梧桐、白蜡树、桃树、杏树、梨树、胡杨;那些家乡的特产,芝麻糖、锅子饼、阳信鸭梨、邹平水杏、金丝小枣;那些春天的花,西府海棠、榆叶梅、二月兰、连翘、迎春花、紫荆、木槿、丁香、鸢尾;那些我们训练过的或玩过的跳远、跑步、打篮球、踢足球;等等。经过老师有意识的迁移,学生将关注"百草园"的目光,转向自己的生活,写出来的文字也颇具情趣。

从孩子们记录的日记来看,显然已把那些看似不是写作素材的日常变为最有意思、有意义的写作素材。比如:崔富凡的日记《最美小苹果》,开篇:

"你是我的小呀小苹果,怎么爱你都不嫌多……"最近,学校里传出神曲《小苹果》,自从我上了初中,课间操便改成了《小苹果》。

这样的生活日常摇身一变成为学生笔下最值得书写的素材。

打通文本阅读与写作的通道,从教材中寻找例子培养学生写作的意识和能力,是语文老师义不容辞的责任。

三、强化借鉴模仿,构建写作的思维

哲人亚里士多德曾说,模仿是大部分原始创作的主要方法,而不是动机。在"模仿说"的世界中,模仿是人类与生俱来的本性和本能,艺术的起源就是人类对自然的模仿创作出来的。由此看来,模仿绝非复制的机械行为,而是一种积极的创造性活动。

对于初中生而言,写作存在的最大问题就是缺少生动形象的细节描写,而百草园的几处精彩的细节,无疑是打开学生细节描写思维的钥匙,从"模仿说"来看,这是写好细节的最好尝试。

而曹老师显然看到了这一点,课堂教学设置了"小试牛刀"这一环节,学生以文中的句式模仿的文字有模有样,看:

"不必说清香的水杏,诱人的鸭梨,酥脆的冬枣,香甜的金丝小枣;也不必说咸香的酱菜,可口的酥糖,香喷喷的锅子饼。单是那不起眼的泥人,就有无限趣味。(王淑婷)"

"不必说金黄的向日葵,洁白的梨花,火红的玫瑰;也不必说在天空中自由翱翔的大雁,在树上高歌吟唱的百灵,向水面飞去的翠鸟。单是那草地上杂乱的野花和小草,屋檐间乱叫的麻雀,草丛中蹦跶的小麻雀,就能让人感受到大自然的美妙。(杨文璇)"

……

从细节的角度,上面的文字显然是清秀亮丽的,这样"指令性"的仿写在不经意间构建了学生的写作思维,让学生在不知不觉中捡拾起细节描写的点滴方法,这在学生展示的日记中有明确的体现。

当然学习写作不可能速成,靠的是长期的"滋养",是一个漫长的累积与渐悟的过程。如韩愈所言:"养其根而俟其实,加其膏而希其光。"要培养树木的根才能结出果实,给灯加足油才能放出耀眼的光芒。这就需要我们走在前面,从学生的实际需要出发,不仅带着学生多读书,读好书,而且要巧妙地从文本中发现写作的契机,撷取写作的素材和方法,并行之有效地传递给学生,用黄厚江老师的话"借别人的树,开自己的花",从而有目的、有方向地训练学生的写作能力,这写作能力不仅仅为考试服务,更是生命的"内视"与"内省"。

(陈海波,南京师范大学附属学校徐州市大学路实验学校语文老师,江苏省徐州市学科带头人,徐州市中考命题组成员,王君青春语文名师工作室成员,语文湿地专栏作者)

跟《回忆鲁迅先生》学写"笑"

教 材	部编版教材七年级下册第一单元
篇 目	《回忆鲁迅先生》
写作知识	聚焦最具情味的神态"笑"

教学缘起

《回忆鲁迅先生》选自萧红在鲁迅先生去世三年后写的回忆性文章,主要对鲁迅先生的日常生活进行了记述。作者以女性的细心体察,敏锐地捕捉到了鲁迅许多零散的生活细节,将鲁迅置身在日常生活中去描写,使他的形象生活化、真实化,不仅可敬,而且更加可亲。

本课文字较多,但片段之间并没有严密的逻辑联系。既然如此,何不用这篇文章为例文,进行人物描写的片段训练?

教师解读

一、鲁迅先生的"笑"

如果用一个词说说鲁迅在记忆中的印象,那大家一定会选择严肃、庄重等词语,并立刻联想起他"横眉冷对千夫指"的形象,可是在萧红笔下,我们多次读到了鲁迅先生的"笑"。

文中有四处写了鲁迅先生的笑——

(1)鲁迅先生的笑声是明朗的,是从心里的欢喜。若有人说了什么可笑的话,鲁迅先生笑得连烟卷都拿不住了,常常是笑得咳嗽起来。

(2)饺子煮好,一上楼梯,就听到楼上明朗的鲁迅先生的笑声冲下楼梯来,原来有几个朋友在楼上也正谈得热闹。那一天吃得是很好的。

(3)周先生转身坐在躺椅上才自己笑起来,他是在开着玩笑。

(4)许先生和鲁迅先生都笑着,一种冲破忧郁心境的展然的会心的笑。

文章开头写笑声"明朗"如见雨后之晴空,"笑得连烟卷都拿不住了""笑得咳嗽起来",文章开头不足六十字的描写,让我们仿佛看到了一个不知被什么小事逗笑了的鲁迅。第二句再写"明朗的笑声",就如急着去玩耍的孩子,"冲下楼梯来"。鲁迅先生也会开玩笑,明明刚刚见面,却对萧红说"好久不见",然后自己笑起来。"一种冲破忧郁心境的展然的会心的笑"则对当时的环境有所暗示,并用"会心的笑"表达了鲁迅先生的乐观。这"笑"里,有开朗,有乐观,有幽默,有坚持。

二、鲁迅先生的"坐"

文章开头写了鲁迅先生走路很"轻捷",可是文中写得最多的是鲁迅的"坐"。

文中多处写了鲁迅先生的"坐"——

(1)鲁迅先生坐在那和一个乡下的安静老人一样。

(2)鲁迅先生的休息,不听留声机,不出去散步,也不倒在床上睡觉,鲁迅先生自己说:"坐在椅子上翻一翻书就是休息了。"

(3)从下午三点钟起,陪到夜里十二点,这么长的时间,鲁迅先生都是坐在藤躺椅上,不断地吸着烟。

(4)全楼都寂静下去,窗外也一点声音没有了,鲁迅先生站起来,坐到书桌边,在那绿色的台灯下开始写文章了。许先生说鸡鸣的时候,鲁迅先生是坐着,街上的汽车嘟嘟地叫起来了,鲁迅先生还是坐着。

(5)有时许先生醒了,看着玻璃窗白萨萨的了,灯光也不显得怎么亮了,鲁迅先生的背影不像夜里那样高大。

(6)鲁迅先生的背影是灰黑色的,仍旧坐在那里。人家都起来了,鲁迅先生才睡下。

鲁迅先生休息的时候,也是"坐"着翻翻书。"鲁迅先生都是坐在藤躺椅上,不断地吸着烟。"吸烟的细节,值得品味。如果一个年轻人,坐在藤椅上什么事也不做,最多也就坚持两三个小时。鲁迅先生已经坐了接近十个小时,难怪他要抽烟。他接待的客人中,有爱国青年、进步学生、流亡的青年等。尽管疲惫,鲁迅先生还是坚持着,不曾怠慢客人。等到全楼都寂静下来,鲁迅先生的工作才刚刚开始。

一个"坐"字,写出了鲁迅先生忘我的工作姿态,鲁迅先生就像一个斗士在漫漫黑夜里孤独而坚忍地战斗,用自己坚强的意志迎接黎明。

文题展示

请你观察身边的人,用一个动词或形容词为题目,写一个200字左右的片段。

习作示例

妈妈的笑

刘昊雨

妈妈的笑是明朗的,是清脆的。那笑声像银铃一般,无论什么人听到她的笑,都会开心起来。

每次妈妈看到有趣、好笑的节目都会哈哈大笑，她笑的时候会用一只手捂着肚子，另一只手撑在沙发上，如果笑得手都撑不住了，她就双手捂着肚子，靠在沙发上，常常是眼泪都笑出来，肚子笑岔了气。如果她再次想起这个节目，还是会笑岔气。

妈妈是很爱笑的，我常常能听到她的笑声，常常能看到她的笑脸。有时，我都不明白她为什么笑，但是每次看到她那幸福的模样就一下明白了。妈妈的笑很有感染力，她那笑声是明朗的、欢乐的，是一种发自内心的欢乐，是一种生活态度，我爱妈妈的笑，我希望她能一直这样欢乐地笑下去！

【曹老师点评】

妈妈的笑声、笑容，甚至动作，无不包含幸福的味道。

段梦妍的笑

张潇雅

要说起最与众不同、别具一格的便是段梦妍的笑声了。不同于课上的一丝不苟，她课下可是一个非常活泼开朗的女生。

偶然一次，我发现她的笑声独特。那一次在宿舍里，我们躺在床上一起讲笑话，所有人的下巴都跟要掉了似的，笑声都快弥漫整个楼层了。但单单是笑话还不足以这么夸张。最重要的还是段梦妍的笑声。她笑起来像个男生一样不拘小节，她的笑声听起来格外粗犷，别人想学也学不出来，但又极富感染力。记得那次不知道是谁讲了个冷笑话，本来场面尴尬得很，谁知她魔性独特的笑声一响起，冷笑话也变得格外有趣，所有人都笑得合不拢嘴。

你说这种富有感染力的、别具一格的笑声，谁能不爱呢？

【曹老师点评】

从"魔性"笑声中，我们听出了段梦妍的开朗率真。

乐真的笑

高金坤

我有一个非常爱笑的同学,他叫宋乐真,我比较喜欢叫他乐真。

为什么?因为他太爱笑了,爱到随便说一句话都能把他逗得乐开花,他笑起来嘴巴张得很大,露出金灿灿的牙齿。他的笑带着魔性,一旦笑起来,他的声音就能让在场的所有人跟着一起哈哈大笑,场面十分壮观。还记得昨天,他看见我,二话不说就哈哈哈大笑起来,金色的牙齿又露了出来。我有点蒙,他指着我的头笑得更厉害了,旁边的女同学递过一面小镜子,我恍然大悟,原来我前面的头发都竖起来了,后面的紧贴着头皮,像秃了一样。他笑得如此开心,原来跟我的发型有关系。

这位就是我的极品同学,一个无时无刻都笑个不停的极品,我的乐真同学!

【曹老师点评】

乐真的笑容独特,金灿灿的牙露出来,无拘无束,如其名"乐真"。

难忘那笑容

邵佳雨

她总是笑嘻嘻的,而且还是没心没肺的笑、不顾一切的笑。

她笑起来很漂亮,樱红的薄唇,上扬的唇角,非常可爱。每次见到她,她都会对着我笑,那发自内心的笑,总让人特别舒服。

放学时,黄昏时,她背对着落日的余晖,阳光洒在她身上,好像为她披上了一层薄纱。夕阳下,她笑得很乐观,很开朗,很阳光,有一种专属于她的青春活力。那笑容仿佛阳光一般，冲破层层阴霾，照进我的心房，让我久久不能忘却。

每一次，跟她在一起的时候，总让人觉得很轻松。她的笑声就像一股清流，流进我的记忆里。

【曹老师点评】

"她"的笑，充满青春活力，流进"我"的记忆里。

课 评

于平淡处觅真味

——评曹静老师作文课《跟〈回忆鲁迅先生〉学写"笑"》

胡金辉

萧红作品《回忆鲁迅先生》是写鲁迅先生的名篇，全文选取了鲁迅先生的一系列平凡的生活细节，层次丰富而又十分细腻地展示出鲁迅先生可亲可敬的形象。学习这样的课文，我们该怎样更深入地理解鲁迅先生的形象而又能从作品中吸收更多的养分呢？曹静老师巧心思，简化教学内容，聚焦于文中描写鲁迅先生"笑"和"坐"的句子，教学生如何精彩地描写人物的某一神态或动作。这一课堂设计看似平淡，细品之下，却能品出语文的真味。

一、选点聚焦，大胆取舍

《回忆鲁迅先生》篇幅较长，所写皆为鲁迅先生生活中的细节，内容十分琐碎，却非常好地体现了散文"形散神不散"的特点。面对这样一篇文章，怎么选择教学的重点呢？

曹静老师将这篇文章定位为写作型文本。在文中众多的细节描写中，曹静老师聚焦于作者描写鲁迅先生"笑"和"坐"的句子，将它们整合在一起，组成两组片段。曹静老师引导学生仔细学习这两组句子描写人物神态和动作的方法,从而仿写,进行人物描写的片段练习。

这样的设计举重若轻,抓住文中特别能体现人物精神性格的描写,进行提炼整合。通过学习比较,学生既能理解人物的形象特点,又落点于写作训练。学生既读懂了文章,又理解了写法,还通过写作训练,内化为写作能力。这样的设计,可谓选点小,心思巧,大胆取舍,训练能力,平淡之中见真功夫。

二、品读描写,读出精神

这终究是一篇散文。散文如何阅读?这是散文教学不可忽视的一个问题。曹静老师将萧红描写鲁迅先生"笑"和"坐"的相关语句摘录出来,整合在一起,引导学生通过圈画、点评等学习方法,品读这些语句的精妙之处,从这些描写中,品读出鲁迅先生的精神。

在鲁迅先生的"笑"里,曹静老师引导孩子们读出了与平时印象中的"斗士"形象完全不一样的鲁迅,在先生会心的"笑"里,孩子们品出先生的"开朗、乐观、幽默与坚持"。

在鲁迅先生的"坐"里,曹静老师引导学生关注萧红极具抒情的描写,通过对语句的品读,读出"鲁迅先生忘我的工作姿态""鲁迅先生就像一个斗士在漫漫黑夜里孤独而坚忍地战斗,用自己坚强的意志迎接黎明"等特点。

通过对句子的整合、品读,我们发现这些细节描绘出的鲁迅先生如此可亲可敬。看似平平淡淡的品味之中,却品出先生可亲的形象,品出语文阅读的真味。

三、指导写法,搭建支架

写作,才是这节课真正的焦点所在。萧红是如何写的,这是曹静老师这节课要引导学生学习的真功夫。

1.描写可以先概括特点，再刻画出细节

在学习"鲁迅先生的笑"的片段时，曹静老师引导学生关注"笑"的特点——"明朗""会心"，再关注描写的细节，如"笑得连烟卷都拿不住了，常常是笑得咳嗽起来""明朗的鲁迅先生的笑声冲下楼梯来"等，品味这些细节描写对表现人物的作用。曹静老师引导学生通过对"笑"这一内容的整合，让学生学会了"先写出特点，再刻画细节"的写法。

2.在细节刻画中写出人物特点

在学习"鲁迅先生的坐"的片段时，曹静老师引导学生品味鲁迅先生"坐着吸烟""尽管疲惫，依然坐着坚持接待访客""坐着时的背影"等细节，读出鲁迅先生随和、忙碌、孤独而又坚忍的特点。通过分析品味，曹静老师引导学生学习作者在细节刻画中写出人物特点的方法。

两次整合品味，学到不一样的写作方法，这些方法的提炼，成了指导学生写作的最好支架，降低了学生写作的难度，使人物的细节描写变得有法可依。这一指导看似平淡，却指导了学生学习"描写的真味"，好操作，有实效。

四、巧设文题，激活思维

有了前面的阅读品味和写作指导，写作训练就变得顺理成章。

曹静老师设置的写作题目紧扣训练目标，要求学生"观察身边的人，用一个动词或形容词为题目，写一个200字左右的片段"。

这一题目看似平常，仔细推敲，却发现非常巧妙。题目聚焦于人物的动作或神态，如"坐""笑""走""哭"等，以描写人物的这些片段，刻画出人物形象，写出人物的精神。学生在写作时，聚焦于一点，深入挖掘细节，这样更容易写出人物的特点与精神。

从学生的习作来看，曹静老师这节课的训练很好地达成了目标。学生聚焦于人物的"笑"，写出了各色人物"笑"的特点，展示出人物的不同性格。如刘浩宇写出妈妈的笑的明朗、清脆的特点，张潇雅写出段梦妍活泼开朗的性格,高金坤写出乐真是一个"无时无刻都笑个不停的极品"。这些片段既写出了人物的性格特点,又能有生动的细节刻画。

纵观整节课,这是一节十分实用且高效的家常课。曹静老师聚焦于一点,引导学生精品细读,在品读之中学写法,在写作训练之中将所学知识内化提升。细品这节课,平淡之中见巧思,家常之中品真味,是一节值得我们好好借鉴的好课!

(胡金辉,王君青春语文工作室成员,广东番禺中学附属学校语文教师。广东省青年教师教学技能大赛二等奖获得者。)

跟《台阶》学写"坐"

教　材	部编版教材七年级下册第三单元
篇　目	《台阶》
写作知识	聚焦彰显性格的动作"坐"

教师解读

《台阶》里写父亲次数最多的动作是"坐"。从不同的"坐",我们就可以窥见父亲的性格内涵。

一、自信要强的父亲

第5段写道:"父亲的个子高,他觉得坐在台阶上很舒服。父亲把屁股坐在最高的一级上,两只脚板就搁在最低的一级。"

这台阶,由三块青石板铺成,每块大约有三百来斤重,都是父亲一口气背到家,磨破了他一双麻筋草鞋。坐在自己亲自铺就的台阶上,父亲一家之主的感觉油然而生,他是家里主要的劳动力,所以感觉"很舒服",父亲高大的身躯自然占据了整个台阶。"坐在最高的一级上",这个动作写出了父亲一家之主的身份和自信要强的性格特点。

二、吃苦耐劳的父亲

第10段写道:"大热天父亲挑一担谷子回来,身上淌着一片大汗,顾不得揩一把,就往门口的台阶上一坐。"

这句话用的是"一坐",这个"一"字写出了父亲的辛苦忙碌。父亲"大热天"劳动归来,"一片大汗"都"顾不得揩一把"。这"一坐",只是忙碌中短暂的休息,是为了再次投入紧张的劳动。"一坐"这个细小的动作,衬托出父亲劳动的艰辛,生动地表现出父亲吃苦耐劳的品格。

三、目光专注的父亲

第13段写道:"台阶旁栽着一棵桃树,桃树为台阶遮出一片绿荫。父亲坐在绿荫里,能看见别人家高高的台阶,那里栽着几棵柳树,柳树枝老是摇来摇去,却摇不散父亲那专注的目光。"

这句话是父亲的一个特写镜头。父亲坐在绿荫里,本来只是休息片刻,为了能投入更加艰苦的劳动。父亲身体在休息,头脑却在思考。"父亲那专注的目光"里,是"别人家高高的台阶"。这一细致的神态描写,凸显了父亲有志气,不甘人后的性格。"柳枝老是摇来摇去,却摇不散父亲那专注的目光",这里恰到好处的景物描写,衬托了父亲心里那长远而坚定的目标。

四、坚忍不拔的父亲

第15段写道:"那时我不知道山有多远,只知道鸡叫三遍时父亲出发,黄昏贴近家门口时归来,把柴靠在墙根上,很疲倦地坐在台阶上,把已经磨穿了底的草鞋脱下来,垒在门墙边。一个冬天下来,破草鞋堆得超过了台阶。父亲就是这样准备了大半辈子。"

这句话用"很疲倦地"来修饰父亲"坐"的姿态。"很疲倦",是因为他每天"鸡叫三遍"出发,"黄昏贴近家门口"归来;是因为他辛苦劳作了"一个冬天","破草鞋堆得超过了台阶";是因为他"这样准备了大半辈子"。为了自己的追求,父亲不得不付出愚公移山般的行动,父亲的坚忍不拔不得不蒙上悲壮的色彩。

五、心灵衰老的父亲

第30段写道:"我陪父亲在门槛上休息一会儿,他那颗很倔的头颅埋在膝盖里半晌都没动,那极短的发,似刚收割过的庄稼茬,高低不齐,灰白而失去了生机。"

父亲曾经"很倔的头颅"却"埋在膝盖里半晌都没动",头发也"似刚收割过的庄稼茬""失去了生机"。坐在门槛上的父亲,如一座雕像,失去了往日的健康与活力。动作描写与外貌描写的结合,生动地写出父亲心灵的日渐衰老。

文题展示

请观察你身边一个熟悉的人,看看有没有一个动作或者表情,经常出现,并能形象地突出他的思想性格。把你的观察写出来,字数不限。

习作示例

坐

崔富凡

奶奶已经七十多岁了,本应享受天伦之乐,但她总是闲不住。

平时,奶奶在家时总会扫地、拖地。好不容易干完活儿,便走去休息。奶奶每次都是扶着把手缓缓坐下,有时还会自侃道:"老了,不中用了，这点活儿都干不好。"实在坐不住了便去邻居家玩玩。

最近，奶奶找了一块"宝地"，在那种些蔬菜。每次放学，我都会看到她那忙碌的身影。有时，实在累了，她便找几棵草，把它们堆在一块慢慢坐下，一边坐着，一边整理她的菜园子。

奶奶的坐，不单单是一个简单的动作，它包含着奶奶对这个家所付出的爱。

【曹老师点评】

在小作者笔下，"奶奶年迈，本应享受天伦之乐，可她总是闲不住。""坐"的时机是累了的时候；"坐"的地点是那么随意，随便找几棵草；"慢慢坐下"，动作是那么吃力；"一边坐着，一边整理她的菜园子"，休息的时候也不闲着。这个片段，细致地描摹出了奶奶"坐"的情态，表达出对奶奶付出的爱的感恩与敬佩。

坐

李君豪

那天晚上，父亲刚刚回到家，连拖鞋都没换，一屁股就坐到了沙发上，连沙发上的书也吓得抖了抖。他眯着眼睛，深深地叹了一口气。今天也不知道开车去了多少地方，反正看得出来，他一定是非常累了。

父亲休息片刻，抬起他那沉重的步伐向我的书房走来，十分认真地询问我的学习情况之后，又回到了沙发上。

这时，一个不请自来的电话突然来了。他立刻睁开眼睛，用手掌撑着沙发，斜着身子站了起来。丝毫不敢迟疑，立刻跑了出去。

父亲就是这样，不管是在白天还是晚上，不管是在家中还是工作，都忙得不可开交。

【曹老师点评】

爸爸的"坐"，小作者在描摹时讲究修辞的配合。如采用拟人手法，"一屁股就坐到了沙发上，连沙发上的书也吓得抖了抖"；还运用了对比手法，爸爸很疲惫，可是一听到电话铃响，则"立刻睁开眼睛，用手掌撑着沙发，斜着身子站了起来"。

爸爸的"坐"，小作者连续使用动词，以动作的特写镜头，展示爸爸的心情。如"坐""眯""叹"，写出爸爸的劳累；"睁""撑""斜""站""跑"，则写出了爸爸听到电话，不敢迟疑，唯恐错失机会的情景。

走

刘骅颖

老姥娘是一个闲不住的人，每天不出去串串门就好像很难受。

每次出去，她都用手撑着沙发，慢慢地，又有一丝战抖地站起来。迈出她那裹着布的小脚，慢慢地向前走。她不像别的老人那样，走路蹒跚得像快要摔倒似的，她走起来很轻捷，步子很小但很快。有时她边走边叨叨，好像和一个老朋友在交谈着什么。

出去后，不是这边聊聊，就是那边说说。她喜欢和那些老人说话，一会儿站在那儿，一会儿坐在那儿喝茶。

天色渐晚，她迈出小脚，慢慢地、轻快地走在乡路上。

她小小的脚印，印在了村庄的角角落落。

【曹老师点评】

老姥娘是姥姥的妈妈，裹着小脚，年龄总得有八十多岁了吧。老姥娘的"站"，有些艰难。她须"撑着"沙发，"慢慢地""有一丝战抖"，这一连串的动作，把老人年迈的特点写了出来。只要站起来，老姥娘顿时年轻了，你看她的动作是"步子很小但很快"，一会儿"站在那儿"，一会儿"坐在那儿喝茶"。

这又全然不像一个耄耋之年的老人。小作者一定是与老姥娘相处日久，不然这些细节的动作怎么会尽收眼底呢？

弯 腰

周淑婷

我的奶奶是一位环卫工人，64 岁的她本应该在家中安享晚年，但她并没有这样做。

她有一个独特的爱好，就是拾捡东西，假如说马路边有一个饮料瓶或塑料袋，只要让她看见了，肯定会毫不犹豫地走过去捡，曾经我也劝过她，叫她不要乱拾垃圾，可她说："没事，活动活动，这些东西还可以卖钱呢！"

一次偶然间，我看到了她弯腰拾东西，她双手扶着腿，慢慢蹲下，等到半蹲还要靠下的时候，拾起了东西，手重新放回来再慢慢站起来。我就这样目不转睛地看完整个过程，看着那矮小、瘦弱的背影，我不禁觉得鼻子酸酸的，她的这个不经意的动作被我尽收眼底并且深深地刻在了脑子里，几年的时光冲刷都冲刷不掉那独有的记忆。

黄昏把她的影子拉得长长的，像一个小巨人。是的，奶奶为了这个家辛苦了大半辈子，时光已在她的脸上留下了如刀刻般的痕迹。但这阻碍不了她脸上特有的笑容。

【曹老师点评】

奶奶"弯腰"的镜头，刻在了小作者的心里。"她双手扶着腿，慢慢蹲下，等到半蹲还要靠下的时候，拾起了东西，手重新放回来再慢慢站起来。"句中"扶""慢慢蹲下""半蹲""重新放回来""慢慢站起来"，这一连串的动作，写出了奶奶吃力地去捡瓶子的形象。这个镜头，只是奶奶大半辈子辛苦付出的一个瞬间,可是它却成为小作者"几年的时光冲刷都冲刷不掉"的记忆。

冬日的身影

梅亚宁

"呼"的一声,风越来越大,刮来了雪花。我站在屋内望着窗外的冰天雪地。

忽然,隐约出现了一个身影。啊!是那位老爷爷,他是一名环卫工人。

只见他骑一辆环保车。手中拿一个长长的夹子。费力地弯下腰,用夹子把雪拨开,夹出一个又一个垃圾袋。随后转过身去,一拐一拐地走向环保车,把袋子扔进去。又走回去把仅剩的几个小零食袋夹起来,扔进环保车。最后,弓着腰骑着车缓慢地驶向下一站。

雪花渐渐覆盖掉他的身影,但他的举手投足都映入我的脑海中。他是冬日里的一抹阳光,他是最光荣的环卫工人。

【曹老师点评】

一位年迈的环卫工人冬日的身影,映入小作者的眼里。在这个镜头里,老人"拨开""夹出""转过身""扔""走回去"这一连串的动词,写出了老人在风雪中劳动的情景。尤其是"又走回去"这个动作更让人体会到老人的尽职尽责。而"一拐一拐""弓着腰"等词语,突出了老人的年迈,更衬托出老人的辛苦。

沉　思

王淑婷

听语文老师说,班主任已经54岁了。岁月仿佛格外关照他,并没有在他的身上留下太多痕迹,踢球、跑步、教学、工作……样样都不差。

班主任喜欢沉思，不管是课上还是课下。"把课本打开，我们做几个练习题……"当我们开始做题时，班主任便摘下眼镜，拿着课本和眼镜的手背到身后，缓缓地在教室里踱步，低着头，眼睛直愣愣地看着前方。也许是在思考怎样为我们更好地讲解习题，传授知识吧。

平常上课，班主任偶尔也会在教室办公。除了批改作业和处理一些事情，他也会沉思。这时的沉思，是为我们的学习而担忧吗？

做课间操时，班主任也会在队首静静地站着，时不时走动一下，好像在注视我们，又好像在沉思。他这时的沉思，又是在想什么呢？

老师的沉思，源于他对这个班级的责任与关爱。因为老师的沉思，才会有更好的四班。

【曹老师点评】

班主任老师沉思的镜头，被小作者捕捉到了。文中这样写道："当我们开始做题时，班主任便摘下眼镜，拿着课本和眼镜的手背到身后，缓缓地在教室里踱步，低着头，眼睛直愣愣地看着前方。也许是在思考怎样为我们更好地讲解习题，传授知识吧。"这里使用的动词不仅写出老师沉思的细节，还符合老师的年龄和身份特点。如"摘下眼镜""手背在身后"，这显然与开头"班主任已经54岁了"的叙述相照应。"踱步""直愣愣地看向前方"，这些动作形象地表现出老师专注的神情。"也许是在思考怎样为我们更好地讲解习题，传授知识吧"这句揣测，把老师的形象烘托出来。

课 评

巧抓动词析形象,佳作片段出成效
——评曹静老师的《跟〈台阶〉学习动词传神》

陈 群

《义务教育语文课程标准(2018年版)》"课程设计思路"第2条中提出:"语文课程应注重引导学生多读书、多积累,重视语言文字运用的实践,在实践中领悟文化内涵和语文应用规律"。同时,在"写作教学建议"中提出:"要重视写作教学与阅读教学、口语交际教学之间的联系,善于将读与写、说与写有机结合,相互促进。"叶圣陶老先生说:"语文教师的任务,一般人不大肯想,只觉得茫无涯岸;其实也很明白,只要指导学生,使他们能够阅读,能够写作,就可以俯仰无愧了。"由此可见,语文老师的第一要务便是教会学生阅读和写作。

曹静老师便是一直奉行这一要务的优秀教师。到目前为止,曹静老师的许多课例均体现了这一教学思想,即根据不同文本的写作特点,有重点更科学地教学生写作,也就是我们常说的读写结合教学。曹静老师这种读写结合的教学课例篇篇经典,课课独到,尤其《台阶》这篇课文的教学课例,读过之后,我竟如观众听口技艺人表演般"伸颈,侧目,微笑,默叹,以为妙绝"。

现对其妙绝之处总结如下:

一、小处着手见功力

传统语文教学,常常将一篇文章从不同角度进行面面俱到的全方位教学,从整体感知到布局谋篇,从段落层次到中心思想,从开头结尾到经典语句……唯恐漏掉一个细小知识点,到最后往往将一篇经典课文搞得支离破碎,就像被解剖的鸽子,不但毫无美感甚至令人作呕。显然,曹静老师深谙这一做法的弊端,寻到了一种绝妙的教学方法,那就是依据文本特点,按学情需要,从小处着眼,从细处挖掘,然后像挖井一般,使劲向下,向下……直到挖出汩汩清泉,并让这股清泉滋养一片绿植。

当代作家李森祥的《台阶》一文中,"台阶"是本文的标题,更是本文的线索,文中内容与台阶息息相关,很多老师会抓住"台阶"这一线索,通过分析文章中描写台阶的内容,把握文章大意,同时通过作者对新台阶、老台阶、造台阶的不同描写,解读父亲这一人物形象。但曹静老师没有从最明显的"台阶"这一抓手进行教学,而是独具慧眼,从文中多次出现的动词"坐"入手,分析父亲的性格特征。

曹静老师带着学生从五个段落中的五个句子里找到五个"坐"字,依次分析出:这是一位"自信要强的父亲",这是一位"吃苦耐劳的父亲",这是一位"目光专注的父亲",这是一位"坚韧不拔的父亲",这是一位"心灵衰老的父亲"。在众多描写父亲的文字里,曹静老师选出这一系列带有动词"坐"的句子来解读这位父亲,这种深厚的文本解读之功力实乃自愧不如!

由此不难得出这样的结论:以读促写,读写结合的语文教学的前提和关键是教师具有一双慧眼,能够在阅读材料中发现合适进行写作训练的"点"。毫无疑问,曹静老师的这节课便建立在具有一双慧眼的教师解读文本的功力之上。

二、妙招出题练能力

曹静老师以深厚的文本解读功力解读出别人未解之处,这是基础,有了"读"这一基础,便可以设计"写"的活动了,而只有设计好了"写"的活动,才能以读促写,读写结合。曹静老师设计的写作题目简直妙不可言:

"请观察你身边一个熟悉的人,看看有没有一个动作或者表情,经常出现,并形象地突出他的思想性格。把你的观察写出来,字数不限。"

首先,此题目与所读内容紧紧相扣又没有死死套住。文中作者反复写父亲"坐"这一动作,由"坐"这一动作又能表现出父亲这一人物形象,而曹静老师要求学生可以描写反复出现的某一动作,还可以描写反复出现的某一表情,而无论动作还是表情都要能够表现出一个人的性格特征。这样的写作要求,既从所读内容出发,又对所读内容有了一定的拓展与延伸。

其次,这一写作题目的设计还充分提醒与训练了学生对生活的观察能力。这是一切写作的源泉,只有在日常生活中养成观察生活的良好习惯,做生活的有心人,才能够在阅读的基础上积累素材,从而使写作能力有所提高。

细读曹静老师学生课后的一篇篇作品:无论是写忙得不可开交的父亲的《坐》,还是写闲不住的老姥娘的《走》;无论是写辛苦拾捡路边垃圾的奶奶的《弯腰》,还是写环卫工爷爷的《冬日的背影》,以及写五十四岁班主任的《沉思》,这些文字短小却真实,稚嫩却充满灵性。灵感来自曹静老师对《台阶》独到而智慧的解读,更来自曹静老师对学生观察生活、深入思考的巧妙写作指导。

试想,一名语文老师如此深度巧妙地解读文本中的写作技巧,并在此基础上设计写作题目,引导学生将"我所读"转换成"我所写",在这样的课堂上长久耳濡目染的学生,一定会成为深入解读文本的优秀阅读者,同时,也会成为留心观察生活、极会表达的写作者。也就是像叶圣陶老先生所说:"只要指导学生,使他们能够阅读,能够写作,就可以俯仰无愧了。"这就是语文老师最大的成功!

最后,再次赞叹曹静老师这一读写结合教学设计之匠心独运,再次为曹静老师学生呈现出的作品鼓掌喝彩!

(陈群,王君青春语文工作室成员,河北省秦皇岛市昌黎县第四中学高级语文。秦皇岛市骨干教师。)

跟《台阶》学数词传神

教 材	部编版教材七年级下册第三单元
篇 目	《台阶》
写作知识	聚焦有情感意蕴的数词

📚**教学缘起**

沈建华在《数词的形象性及其修辞功能》中谈道:"原本语法意义单一,只用于计数功能的数字,只要我们匠心独运,精心设计,就会充满活力,变得有血肉,有思想,有韵味。数词也可以被赋予生命和情感,成为描述形象的重要手段。"

📖**教师解读**

文段一:"父亲很早就出门,很晚才回家,每天工作时间很长。"

文段二:"那时我不知道山有多远,只知道鸡叫三遍时父亲出发,黄昏贴近家门口时归来,把柴靠在墙根上,很疲倦地坐在台阶上,把已经磨穿了底的草鞋脱下来,全在门墙边。一个冬天下来,破草鞋堆得超过了台阶。"

看到文段一的这句话,你能否感受到父亲工作之辛苦?应该不会吧。可是如果你读到文段二《台阶》里那句话,就会有深刻的印象。这两句话前后对比,你会发现秘诀就在数字中。

一、大数字里读出父亲的"艰难"

七个月、四个月。如："一年中他七个月种田,四个月去山里砍柴,半个月在大溪滩上捡屋基卵石,剩下半个月用来过年、编草鞋。"从"七个月""四个月""半个月"这些词语可以看出《台阶》中的父亲一年到头都在辛苦劳作着,离过年只有半个月时还要顺便编草鞋。

三百来斤。再如："那石板多年前由父亲从山上背下来,每块大约有三百来斤重。……结果父亲一下子背了三趟,还没觉得花了太大的力气。"我们从"三百来斤""三趟""鸡叫三遍"等词语中,体会出父亲为了造屋付出了愚公移山般的努力。

我们从这些大数字中可以读出父亲劳动时间之长、劳动量之大。数字的细节能够给我们直观、形象的感受,比用"很""非常""十分"等词修饰表现力要强得多。

二、小数字里读出父亲的高度

其实,有些小数字,也值得玩味。

一块砖、一片瓦。如："他今天从地里捡回一块砖,明天可能又捡进一片瓦,再就是往一个黑瓦罐里塞角票。虽然这些都很微不足道,但他做得很认真。"父亲就是这样"一块砖""一片瓦"地积累着造屋的材料,"父亲就是这样准备了大半辈子"。我们从中读出了父亲愚公移山般的努力。

一双草鞋。再如："只是那一来一去的许多山路,磨破了他一双麻筋草鞋,父亲感到太可惜。"一双草鞋磨破了有什么可惜的? 父亲心疼草鞋,却丝毫不心疼自己的脚,不心疼自己的力气,"三百来斤"的石块,父亲一下子背了"三趟",从中读出父亲的吃苦耐劳。

洗一次脚。又如："父亲的这双脚是洗不干净的,他一般都去凼里洗,拖着一双湿了的草鞋唿嗒唿嗒地走回来。大概到了过年,父亲才在家里洗一次脚。"父亲一年到头辛苦劳碌,过年的时候才隆重、认真地洗一次脚,犒劳一下辛苦一年的双脚。

这些不起眼的小数字,在大数字的衬托下,把父亲艰难处境中辛劳付出、坚忍不拔的形象衬托得更加高大。

文题展示

父亲的辛劳,可以用数字细节来表现。想一想,还有哪些内容,可以用数字细节,来使内容更生动形象? 或者改写自己的一篇日记,增加一些数字细节。

习作示例

永远的背影

李春茏

我的父亲是一位平凡的司机。然而,他的身影使我刻骨铭心。

早晨,我睁开蒙眬的睡眼,父亲的身影早已离去;夜晚,我睡得正浓时,才模模糊糊听到父亲归来的脚步声;唯独中午才能见几次面。我和父亲就这样持续了三年。

那年冬天,父亲从早上五点出门后,凌晨一点才到家。父亲弓着身子把鞋脱了下来,有些左右摇摆地走进了厨房,先洗了洗手,然后拿起两个冰冷的包子便狼吞虎咽地吃了起来,吃完饭后连衣服也不脱就躺在沙发上睡着了。

父亲英俊的脸上已被时光刻下深深的皱纹,帅气的头发中夹杂着几根泛白的发丝,因过度的疲劳黑眼圈已深镶在父亲的脸上,

不知何时他手上多了几道疤痕。望着已熟睡的父亲，我不禁簌簌地流下了眼泪。

第二天，姐姐怕父亲累坏了身体，所以送来了一箱牛奶，结果父亲先批评了姐姐说："没事买什么奶啊！买奶的钱还能买好多东西呢！"姐姐被父亲训得不知所措。

后来，父亲又对我和哥哥说："这箱奶你俩喝吧！"

我说："还是你喝吧。"

父亲感叹道："我老了，喝了也没用啦！"我转身进屋去了，不知为何眼泪已顺着脸颊滑下来。

不知什么时候，我的自行车坏了。我跟父亲商量让修车匠去修，但父亲板着脸没有说话。

到了第二天晚上，我写完作业，见父亲还没回来，便穿上外套下楼去等他。

刚走出楼梯口，眼前那一幕使我永生难忘！

凛冽的寒风疯狂地咆哮着，并伴随着丝丝细雨，树叶在漫天飞舞，在幽暗的路灯下，我的眼睛迅速捕捉到那熟悉而又瘦小的背影。他时而拿起榔头敲打着我的自行车，时而又用扳手拧螺丝，时而站起来搓着那冻僵的手。他放下工具，想试试修得如何。可是刚一站起，"哎哟"，只见父亲用手护住腰，倚靠在墙边。这一声如同子弹般，穿透寒风，击中我的心，霎时不知如何是好，任凭眼泪滑落而下。

那晚，我悄悄回家后，给父亲铺好被子，沏好茶水后，躺回床上，却再也无法入眠，仰望天空，月亮的脸削瘦了许多，天上的星星大得出奇，并闪烁着耀眼的光芒。

这身影，写满了父亲对我的爱，是我瞬间升腾的灵魂，也将是我一生摄取的永远的身影。

【曹老师点评】

文章巧用数词突出父亲的形象。"父亲从早上五点出门后,凌晨一点才到家。"作者给我们留下了一个减法题,父亲二十个小时都在外奔波,不能回家。作者用具体形象的数字,表现父亲的艰难,父亲头上"几根泛白的发丝"、手上"几道疤痕",都是父亲艰难生活的见证。

文章选材注重细节。作者回顾了父亲感人的几件小事。父亲辛苦一天,回到家还默默地怕打扰家人休息。"弓""摇摆""冰冷的包子""连衣服也不脱就躺在沙发上睡着了",这些词句写出了父亲的辛劳与善良。姐姐送给他牛奶,父亲却以"喝了也没用"的理由,让正在上学的"我"和哥哥喝牛奶补身体。最让作者难忘的是在凛冽的寒风中,父亲亲自为他修理自行车,差点闪了腰。看到这情景,"我"霎时任凭眼泪滑落而下。父亲的背影,让作者终生难忘。"这身影,写满了父亲对我的爱",篇末点题,收束全文。

一路上有你

崔双怡

岁月的转盘转走了不尽的回忆,斗转星移,波光明灭,多少记忆被掩埋?

——题记

你伴我时间很少,你工作很忙,现在你已经有了白发,那白发在黑发之中是那么刺眼。虽然你有一天会老去,但我会一直爱着你,因为你是我的父亲。

记忆中的你,不常在我身边。**你在外地工作,一个月回来两三次,待一天或者一晚上,第二天就又看不见你的身影,听不见你的声音。**我一直羡慕那些每天放学被自己父亲接走的孩子,每天有父亲陪伴对我来说却是一种奢望。

我知道,因为生活,你必须这样,但是,爸爸,一路上我们要牵手同行。

在我眼中你是一个细心的人。上小学时,你让我开始写日记。对小学时的我而言,这无疑是一种"折磨"。即使再不愿意,在无形中却养成了习惯。一直写下去,作文也有所提高。

一路上有你,你让我明白只有坚持,才会有收获。

随着年级的上升,作业量开始变大。有时面对这一"摊"作业本,我变得不知所措,无从下手。这时,很少过问我学习的你,却说:"你自己要有计划,这样该做什么,不该做什么,怎么做,你大体也就明白了。"我默默听着,心里也暗暗记下。开始按你说的去做,现在,即使面临再多的事,我也不会不知所措。

一路上有你,你让我懂得有方向,大胆往前走就好。

记得有一次出门,你对妈妈说:"记得孩子上幼儿园,一出门就向我要吃的,结果看见气球,就又买气球。可惜啊⋯⋯"

我明白你可惜什么。我也可惜,再也回不到骑上你的肩膀和你打闹的小时候了。不知不觉中我湿了眼眶,看向地面的眼开始模糊,泪水终究控制不住,无声地划过脸颊。

爸,你一直担心我,但我终有一天会长大,你也会老去。我们要携手共进,一起成长,一起长大。一路上有你的陪伴,我不会再害怕,因为我知道我的背后还有你。

爸,你是否听见我梦中的呓语:"一路陪伴,女儿与你牵手同行!"

【曹老师点评】

文章用大小数字巧做对比。"一个月"和"两三次",多么鲜明的一组数字对比!

文章选材恰当,写了与父亲之间的几件小事:父亲一个月只回来两三次,女儿理解他的辛苦;父亲让我坚持写日记,尽管是"折磨",却使我的作文有所提高;父亲指导我做计划,现在的我即使面临再多的事也不会不知所措。

文中最感人的是父亲对妈妈说的那句话,女儿感慨的是再也不能回到从前"骑上你的肩膀和你打闹的小时候了"。浓浓的父女情,在点滴细节中表现了出来。

课 评

数字里的写作密码
——评曹静老师课例《跟〈台阶〉学数词传神》

于修影

古人刘勰说:"一言之辩,重于九鼎之宝,三寸之舌,强于百万之师。"可见语言的重要性。

一、拎出数字里的写作密码

《台阶》一文篇幅较长,描写手法细致,特别是细节描写,从小处着手,却能小中见大。面对众多的描写,怎样选择重点?怎样去引导学生?引导学生学习什么?曹静老师从写作的角度出发,聚焦在数字上,拎出大数字和小数字,这样的设计让人耳目一新,再一细品,不禁咂摸出数字里的写作密码。

枯燥而单一的数字,运用得当,会让你的文章鲜活起来,生动起来。我不由得想到动词的灵动与飘逸。比如,我说:"阳光照进教室。"这句话似乎没有什么温度,只是做了一个客观的陈述。但是,我说:"阳光洒进教室,太阳它有脚啊,轻悄悄地在教室里挪移着!"这样给读者的感受是不一样的。

同样,数字运用得当,大数字和小数字都能让我们的文章鲜活起来,让人物更加丰满而生动。大数字和小数字在语境中所传达出的意义是有高度的、有内涵的。

大数字"七个月、四个月、三百来斤",这些数字后面是大的词语,以"月""百"为单位,这样的大数字,让读者看到了父亲孜孜矻矻的坚持,这样的词语更形象、更直观、更鲜明地表现出父亲为梦想勤劳、坚持的形象。

小数字"一"后面是小小的量词和小小的名词,正是因为这些数字在具体语境中的运用才衬托出父亲的高大。今天捡"一块砖",明天进"一片瓦""只是那一来一去的许多山路,磨破了'一双草鞋'""到了过年,才在家里洗一次脚",这些小数字是在一个长长的时间长河里的。在这样的语境中,数词就更显得生动活泼、趣味盎然了;父亲的辛劳、父亲的处境、父亲的坚韧更加让人钦佩。

无论是小数字,还是大数字,其中都藏着写作的密码,这些数字在不同的语境中表现出了人物鲜明而生动的形象,这些数字值得我们重视与研究。

抓住数字也就抓住了文中特别能体现人物精神性格的牛鼻子,把数字放在语境中进行揣摩,通过学习比较,学生既理解了人物的形象特点,又为自己的写作找到了训练方法。

二、读写结合里的写作密码

学生在数字里读出了情趣、意趣和理趣,小小的数字生动传神地表现了父亲的高大形象,曹静老师出示写作要求:"父亲的辛劳,可以用数字细节来表现。想一想,还有哪些内容,可以用数字细节,来使内容更生动形象? 或者改写自己的一篇日记,增加一些数字细节。"这样的要求很明了也很科学,数字细节的点染能起到画龙点睛的作用。

学生在写作文时巧妙地运用数字来突出父爱。"唯独中午才能见几次面……持续了三年""父亲从早上五点出门后,凌晨一点才到家""几根泛白的发丝""几道疤痕"这些数字有确数,有约数,更有从早上五点到凌晨一点这样的减法……这样的大数字,让读者看到了父亲的辛劳。

任何的描写都不是单一的,多角度的描写会使文章内容更充实,如:"那年冬天,父亲从早上五点出门后,凌晨一点才到家。父亲弓着身子把鞋脱了下来,有些左右摇摆地走进了厨房,先洗了洗手,然后拿起两个冰冷的包子便狼吞虎咽地吃了起来,吃完饭后连衣服也不脱就躺在沙发上睡着了。"多角度描写,更体现出了父亲的劳累。摇曳多姿的描写使人物更生动形象。

"三百来斤"的石块,父亲一下子背了"三趟",这样的描写方法,学生迁移到自己的作文里,"一个月"和"两三次",这组数字,形成鲜明的对比!让父亲的形象跃然纸上。曹静老师巧妙的引导,让学生能够做到读写联通,跟着课文学写作,学以致用。

语文课文里有挖掘不尽的写作精华,就看老师如何引领学生进行挖掘。曹静老师在《台阶》一文中,挖掘出了数词;在《鲁迅》一文中,挖掘出了动词……课文是取之不尽、用之不竭的宝藏,曹静老师跟着课文学写作,我们跟着曹静老师学习如何跟着课文进行写作教学。

(于修影,王君青春语文工作室成员,北京工业大学实验学校高级教师,朝阳区语文学科带头人,"阳光杯"班主任。)

跟《蜡烛》学动词传神

教　材	人教版旧版八年级上册第一单元
篇　目	《蜡烛》
写作知识	聚焦饱含情感的动作

📚**教学缘起**

福楼拜曾对莫泊桑说："你所要说的事物，都只有一个词来表达，只有一个动词来表示他的行动，只有一个形容词来形容他，因此就应该去寻找，直到发现这个词、这个动词或这个形容词，而绝不应该满足于差不多……"

《蜡烛》曾经是人教版旧版八年级上册第一单元的课文。一位南斯拉夫母亲将珍藏了45年的两支结婚花烛点在一名苏联红军士兵的坟头。文中反复描写了老妇人的两个动作——"爬"和"跪"，值得大家仔细体会。

📖**教师解读**

文中三次写到老妇人"爬"和"跪"这两个动作。

首先，三个"爬"，写出老妇人行动艰难和炮火连天的战争环境。

文段一："她看见德国人的炮口对准了这五个红军战士，炮弹纷纷在他们周围爆炸。她从地窖里爬出来，想招呼那五个红军战士到她那里去——她认定，她自己住的地方比较安全，然而她刚爬出一半，一颗炮弹落在近旁炸开了。老妇人被这一震,耳朵也聋了,脑袋碰在墙上,失去了知觉。"

文段二:"老玛利·育乞西看着那战死的士兵,看了很久,她很想把这件事告诉什么人。可是附近一带,不用说人,连一个活东西都没有,甚至陪伴她在地窖里过了四天的那只猫也被刚才炸起来的砖石碎片砸死了。老妇人想了半天,然后,伸手在她那唯一的衣袋里摸出件什么东西来,揣在怀里,慢慢地爬出了地窖。"

这几段文字中,三次写到"爬"这个动作,"从地窖里爬出来""刚爬出一半""慢慢地爬出了地窖"。

第一个问题:她为什么是"爬"出地窖,而不是"走"出房门?课文第10段写道,本来她是住在房屋的第二层的,第二层被炮火轰毁了,她就搬到楼下去住,楼下毁了老妇人才搬到地窖里去的。老妇人的家被毁掉了,可怜的她日常只能爬进爬出地窖。战争的炮火,极大地影响到了普通人的生活。

第二个问题又来了:老妇人为什么要爬出地窖,而不是躲在里面?刚爬出一半时,炮弹就把她的耳朵震聋了。尽管炮火连天,处境危险,原来老妇人爬出地窖,是为了招呼那五个红军到她那里去躲避炮火,是为了埋葬战士的遗体。尽管她行动艰难,尽管地窖外炮火连天,但她还是坚持爬出地窖。三次使用"爬"这个动词,让我们看到了老妇人勇敢的形象。

其次,三个"跪"字,写出老妇人的执着和对战士的深深敬意。

文段三:"老妇人跪在那坑里,用手掌舀出那些水。舀几下,她就得休息一会儿。到底,她把坑里的水全舀干了,于是她回到那死者旁边,两手抄在死者的腋窝下,把他拖走。"

"路并不远,一共不到十步,可是她太衰老了,不得不坐下来休息了三次。最后,她总算把死者拖到了弹坑里。她已经精疲力竭了,又坐在那里休息了好久,也许有一小时。"

文段四:"休息够了,老妇人跪到死者旁边,用手在死者身上画了十字,又吻了死者的嘴唇和前额。"

文段五:"她默默地走过那些红军战士身边,在坟旁跪下,从黑色的大围巾底下取出又一支蜡烛来。"

这几段文字中,都写到了"跪"这个动作。

"老妇人跪在那坑里,用手掌舀出那些水。"老妇人"跪"在这样一个积了些水的坑里,因为她不怕脏;用手掌舀水不知会漏掉多少,可是她不怕难。只是为了安葬一位陌生的年轻人。她这样做,力量来自哪里?

"跪到死者旁边""在坟旁跪下",这两处都写到了"跪",这本就是一个满怀敬意的动作。面对这样一个陌生人,她何必要"跪"?联系上下文来看,如"用手在死者身上画了十字,又吻了死者的嘴唇和前额",以及"从黑色的大围巾底下取出又一支蜡烛来",老妇人这样做,就像对待自己的亲人一样,更能体现出老妇人对战士深深的敬意。

总之,运用动词往往讲究情态的描摹。细细品味,有些动作里藏着深刻的思想内涵。我们需要经过长期地认真地观察,才能找到那些最恰当的动词,借助这个动词,来突出人物的思想性格。

📖 文题展示

选择你身边熟悉的一个人,观察其举止,找出最能突出其思想情感的动作,并做细致的描写。要求 200 字以上。

👁 习作示例

温暖的手

董田垚

在紧张的课间想要打杯水是很困难的事情,所以有些同学会选择在做操后的大课间去打水,于是就只能拿着水杯去做操,可到了操场才开始发愁,水杯放哪儿啊? 拿在手里不方便,放到地上容易被人踢。正当同学们发愁时,她来了。

她静静地走到同学面前,没有过多的言语,只是把自己温暖的手伸向同学,用温和的目光望着水杯,那意思好像是在说:

"来,把水杯给我,我来给你拿。"

那同学迟疑了一秒,终于反应过来,有些不敢相信地把水杯递了过去。她缓缓接住。于是,她帮同学拿了一整个课间操的水杯。

没错,这个"她"就是我们的暖心老班。她不仅在学习上辅导我们,更在生活上帮助我们。她做的这一切都是为了同学们能健康成长,更好地去学习,我们可不要辜负她啊!

【曹老师点评】

温暖的手,"伸向同学","缓缓接住"水杯,"暖心老班"跃然纸上!

茶　香

安冰岩

我的姥姥喜欢喝茶,尤其是浓茶。每到姥姥喝茶的时候,家里总是弥漫着一股清雅的茶香。

姥姥每天必喝茶,一天三次,次次不落。在她的影响下,我们一家人都喜欢喝茶,就连妹妹都不例外。可就她这么个小不点,爸妈怎么可能会让她喝呢? 但她可是家里的小霸王,她说喝就一定要喝。所以姥姥也不敢把茶沏得太浓,怕对她不好。

每次沏茶前,姥姥总要先把茶叶倒在手里,晃晃手,掂量一下,如果觉得多了,就掂出一小撮来放回茶盒里。随着滚烫的沸水入壶,碧绿卷曲的茶叶上下翻滚,渐渐舒展,溢出淡淡的茶香。

茶香里蕴含着的是无尽的爱意。

【曹老师点评】

"晃晃手,掂量一下","掂出一小撮",姥姥这细致的动作,化作了外孙女心中无尽的爱意。

背　影

崔富康

读了朱自清的《背影》,我感触很深,这让我想起了母亲。

母亲是个任劳任怨、聪明能干的优秀且伟大的人,不管大活小活、脏活累活,母亲都是独自完成……而我每天看到的,都是母亲劳动时的背影。

每天早上起床后,我看着母亲的背影,等待着早饭。我站在厨房门口,望着母亲的背影,只见母亲一心一意地做着饭,时不时打个哈欠……晚上放学回家,我看着母亲的背影度过时光。忙了一天的母亲,回到家中还要做些零碎的、枯燥的家务,而我只能在一旁望着母亲忙碌的背影。**母亲扫了半天地,站起身来揉了揉腰,接着母亲又开始刷碗,刷着刷着就停下来搓搓手……**

累了一天的母亲,晚上早早就睡了。我透过门缝,看到躺在床上十分疲惫的母亲,我不禁有些惭愧。正因为我的懒惰和父亲的坏脾气,母亲渐渐养成了这种吃苦耐劳的性格。而越来越衰老的母亲,怎能受得了如此劳累的工作?而我又能做些什么?无非是些微不足道的家务罢了……

母亲,我知道您这么努力是为了这个家,为了我。所以我不会辜负您的期望的。

【曹老师点评】

"母亲扫了半天地,站起身来揉了揉腰,接着母亲又开始刷碗,刷着刷着就停下来搓搓手……"纵使再粗心的男孩,也能从"揉了揉腰"和"搓搓手"的动作里,读出母亲吃苦耐劳的性格,男孩子的责任感因此油然而生。

奶　奶

孝信生

一个梦,让我见到了奶奶,想起了那双手、那个夏天。

四岁那年,我和奶奶生活在农村。平常最爱的就是跟奶奶在小道上遛着玩。

一天下午,我吵着要吃东西,可是奶奶没有带钱。我哭着不干,在小道上不走,奶奶假装离开,想我一会儿就回去了。

这时,一辆皮卡车快速驶来。我站在马路中央不知所措。**正在这个紧要关头,奶奶迈着蹒跚的步履,一脸惊恐向我跑来。**奶奶那双粗糙且长满老茧的手此刻都爆发出了巨大的力量,**一把把我拖到了公路旁,忽地一下坐在了草堆上。**她站起身来,缓缓地扶我起来,看我有没有事。

面对这一切,我不知所措,奶奶没有说什么,牵着我的手回了家。

我至今还能感觉到奶奶那双充满力量的手,那种力量源自爱。

【曹老师点评】

奶奶步履蹒跚,却能"向我跑来","一把把我拖到了公路旁","忽地一下坐在了草堆上"。若不是爱孙心切,奶奶怎会不顾及自己年迈的身体?

课 评

慧心发现精妙处，一字传情绘佳作
——评曹静老师《跟〈蜡烛〉学动词传神》

刘艳红

语文教学的根本任务就是组织和指导学生学习语言。阅读是语言的习得过程，写作是语言的运用过程。在语言习得过程中，学生可以积累大量的好词佳句、精彩语段等丰富的语言材料，久而久之，就可以转化为自己的语文素质，为写作储备充足的"养料"；在语言的运用过程中，学生可以学会遣词造句、谋篇布局、裁减取舍等写作规律。有人曾形象地把阅读和写作比作一根绳子的两股线，是互为支撑的。也就是说读写结合是语文教学的基本规律，要想很好地完成语文教学任务，就必须做到读写结合。遗憾的是语文教学中却普遍存在一种现象，那就是课文与作文的脱节。上课归上课，作文归作文，"读"与"写"完全脱节。

其实，初中课本所选的文章都是一些极好的范文，甚至有一些经典文章，在思想教育、题材选取、体裁安排、布局谋篇、遣词造句等方面，无不匠心独运，是学生学习写作的典范。曹静老师正是发现了这一奥秘，才进行了课文教学与作文教学的打通与融合。

初中生以写作记叙文为主，而记叙文的核心在于通过塑造人物突出主题。这不仅仅要求孩子们有对生活的观察与感悟，还需要生动的写作技巧，而动作描写在刻画人物时有着至关重要的作用。我国人民艺术家老舍曾说："只有描写行动，人物才能站起来。"由此可见，选对动词在一篇文章中会起到画龙点睛的作用。曹静老师抓住动词传神这一核心，从教材中的《蜡烛》一课入手，巧妙地将阅读课与写作课相结合，看得出其设计的别具一格。

曹静老师根据教材的特点，精心选择读写结合点，给学生提供有效借鉴的对象和创造的依据，及时有效地进行模仿和创造性练笔。

一、赏读经典，体会精妙

曹静老师选取了以战争为背景的《蜡烛》一课，通过和学生赏析"爬"和"跪"两个动词，读出动词的使用在突出环境背景，以及刻画人物思想性格中的重要作用。立足于有文有情的教材中的文本，把阅读教学与作文教学结合起来，让学生从课文中汲取写作的智慧，培养准确选用动词的能力。曹静老师打破教学常规，引领学生抓住动词分析人物形象，目标明确，重点突出。她抓住《蜡烛》一文中的两个动词"爬"和"跪"进行了深度解读。三个"爬"看似简单的动作，却大有深意。把"爬"还原到文本中，通过追问，如抽丝剥茧般探究出了"爬"的深意：行动艰难、炮火连天背后勇敢坚毅的老妇人形象。同样，三个"跪"字背后是老妇人对红军战士深深的敬意。曹静老师引导学生细细品味这些动作，并让学生领悟出藏在其中的深刻思想内涵。曹静老师通过一"爬"、一"跪"，引导学生养成认真观察的好习惯。只有细心观察，才能找出最能突出其思想情感的动作，并做细致的描写。

二、例文点评，独具慧眼

由阅读走向写作，由课本走向生活。展示文题，写身边最熟悉的一个人，仔细推敲出最恰当的动词来突出人物的性格。选取的例文包含了"老班、父母、外婆和奶奶"等学生最熟悉的人，例文配以曹静老师独到的点评，让学生豁然开朗。在指导过程中积极引导学生观察、思考、讨论，重视学生的交流与合作，学生们在自主学习中体会到了动词对塑造人物形象传神的表达效果。曹静老师找准了"动词传神"的写作点后，接着引导学生选择身边最熟悉的一个人，观察其举止后，用精准的动词进行细致描写。四篇习作都选用了传情的动词，表达了真情实意。叶圣陶先生说过："必须注重倾吐他们的积蓄。"曹静老师在读写之间系上了一根纽带，使读写之间互相沟通，绿水长流。

曹静老师充分利用教材资源，最大限度地发挥课文的写作资源，使阅读和写作同步提升。曹静老师的研究，立足语文教材，挖掘课文中丰富的写作资源，解除了写作教学中"无本可依"的困惑。潘新和教授始终认为"阅读指向言语表现、指向写作，这才是阅读的唯一目的"。曹静老师的这节作文课例，以读促写，从作文的细节入手进行指导，写活身边的人物，培养了学生对生活的描写，发现了生活中的美。

（刘艳红，王君青春语文工作室成员，滨州市邹平市魏桥实验学校教师。滨州市名师，滨州市教学能手，滨州市教坛新星，滨州市优质课一等奖获得者。）

跟《列夫·托尔斯泰》学比喻传神

教 材	部编版八年级上册第二单元
篇 目	《列夫·托尔斯泰》
写作知识	聚焦"组合式"比喻

📚 教学缘起

《列夫·托尔斯泰》是部编版教材八年级上册第二单元的一篇自读课文,节选自茨威格的《三作家》中的《托尔斯泰》,原文的小标题是《肖像素描》。这篇课文就是一幅用文字完成的托尔斯泰肖像画。作者不仅为我们展现了托尔斯泰独特的外貌,更为我们揭示了托尔斯泰深邃的精神世界。

📖 教师解读

在自读旁批中有这样一段提示:"为何用'低矮的陋屋'来比喻外貌?文中还有一些新奇的比喻,阅读时注意体会其特别效果。"

关于比喻,在部编版教材七年级上册第一课《春》的知识补白中就已经做了介绍,明喻、暗喻和借喻是比喻的三种形式。《义务教育语文课程标准(2018年版)》中有"了解常用的修辞手法,体会它们在课文中的表达效果"的阅读要求。中考试题中也常常会考察比喻的表达效果。从以上几点来看,比喻的学习多数情况仅仅是针对句子。

细读这篇课文,发现作者写比喻句打的是"组合拳",形成语段。不妨跟他学几招吧。

一、情境组合设喻

文段一:

他生就一副多毛的脸庞,植被多于空地,浓密的胡髭使人难以看清他的内心世界。长髯覆盖了两颊,遮住了嘴唇,遮住了皱似树皮的黝黑脸膛,一根根迎风飘动,颇有长者风度。宽约一指的眉毛像纠缠不清的树根,朝上倒竖。一绺灰白的鬈发像泡沫一样堆在额头上。不管从哪个角度看,你都能见到热带森林般茂密的须发。像米开朗琪罗画的摩西一样,托尔斯泰给人留下的难忘形象,来源于他那天父般的犹如卷起的滔滔白浪的大胡子。

……

天才的灵魂自甘寓居低矮的陋屋,而天才灵魂的工作间,比起吉尔吉斯人搭建的皮帐篷来好不了多少。小屋粗制滥造,出自一个农村木匠之手,而不是由古希腊的能工巧匠建造起来的。架在小窗上方的横梁——小眼睛上方的额头,倒像是用刀胡乱劈成的树柴。皮肤藏污纳垢,缺少光泽,就像用枝条扎成的村舍外墙那样粗糙,在四方脸中间,我们见到的是一只宽宽的、两孔朝天的狮子鼻,仿佛被人一拳打塌了的样子。乱蓬蓬的头发,怎么也遮不住两只难看的招风耳。凹陷的脸颊中间生着两片厚厚的嘴唇。留给人的总印象是失调、崎岖、平庸,甚至粗鄙。

脸庞、胡髭、长髯、脸膛、眉毛、鬈发、胡子、额头、皮肤、鼻子、耳朵、嘴唇,这些不都是一张脸上的部件吗?

植被、空地、树皮、树根、泡沫、热带森林、陋屋、横梁、树柴、村舍外墙,这几个词语,让你联想起了什么? 是不是想到在茂密的热带森林里,有一间低矮的陋屋?

这两组词语,恰恰分属比喻的本体和喻体。

"脸庞"是"空地",上面的毛发就是"植被",脸膛黝黑皱似"树皮",眉毛宽约一指像"纠缠不清的树根"。不管从哪个角度看,你都能见到"热带森林般茂密的须发"。看到"植被""树根""树皮"这几个夸张的比喻,你仿佛不是在端详一幅肖像,而是置身于热带雨林。

在"热带雨林"里,有一座"低矮的陋屋",里面寓居着一个"天才的灵魂"。粗劣的长相,如粗制滥造的"小屋",比"皮帐篷"好不了多少,出自"农村木匠之手";额头是"小屋"的"横梁",却如胡乱劈成的"树柴";皮肤粗糙得像"用枝条扎成的村舍外墙"。这一组比喻——"小屋""横梁""树柴""村舍外墙",集中写托尔斯泰丑陋的面庞,把我们带到了乡野那"低矮的陋屋"。

作者运用比喻的妙处,在于把一张脸上的部件分开设喻,又让这些比喻处于同一个情境中,巧妙地融合在一起,浑然一体,相映成趣。

二、瞬间延展设喻

文段二:

突然,客人惊奇地屏住了呼吸,只见面前的小个子那对浓似灌木丛的眉毛下面,一对灰色的眼睛射出一道黑豹似的目光,虽然每个见过托尔斯泰的人都谈过这种犀利目光,但再好的图片都没法加以反映。这道目光就像一把锃亮的钢刀刺了过来,又稳又准,击中要害,令你无法动弹,无法躲避。仿佛被催眠术控制住了,你只好乖乖地忍受这种目光的探寻,任何掩饰都抵挡不住。它像枪弹穿透了伪装的甲胄,它像金刚刀切开了玻璃。在这种入木三分的审视之下,谁都没法遮遮掩掩。——对此,屠格涅夫和高尔基等上百个人都做过无可置疑的描述。

这种穿透心灵的审视仅仅持续了一秒钟,接着便刀剑入鞘,代之以柔和的目光与和蔼的笑容。

这一段中连设了五个比喻。"黑豹似的目光"是在探寻,紧接着"钢刀""击中要害",之后是"枪弹""穿透了伪装的甲胄","金刚刀""切开了玻璃",最后"刀剑入鞘"。在不足三百字的篇幅里,作者连用了五个"锋利无比"的比喻。"这种穿透心灵的审视仅仅持续了一秒钟",这五个比喻安排得十分紧凑,仿佛瞬间完成了一次"森林狩猎"。作者把一秒钟的事情,延展成242字的文段,瞬间勾勒出托尔斯泰眼神的犀利。

姚明灌篮最多用 24 秒,若延迟球权就归对方,而在动画片《灌篮高手》中流川枫从起跳到扣篮足足展示了 189 秒。可见,如果把瞬间的活动延展,再分别设喻,会让人身临其境,仿佛也完成了一次高难度动作。

三、多向对比设喻

文段三:

虽然嘴角紧闭,没有变化,但那对眼睛却能满含粲然笑意,犹如神奇的星光。而在优美动人的音乐影响下,它们可以像村妇那样热泪涟涟。精神上感到满足自在时,它们可以闪闪发光,转眼又因忧郁而黯然失色,罩上阴云,顿生凄凉,显得麻木不仁,神秘莫测。它们可以变得冷酷锐利,可以像手术刀、像 X 射线那样揭开隐藏的秘密,不一会儿意趣盎然地涌出好奇的神色。这是出现在人类面部最富感情的一对眼睛,可以抒发各种各样的感情。高尔基对它们恰如其分的描述,说出了我们的心里话:"托尔斯泰这对眼睛里有一百只眼珠。"

一双眼睛可以"满含粲然笑意,犹如神奇的星光",可以"像村妇那样热泪涟涟",可以"黯然失色,罩上阴云",也可以"冷酷锐利,可以像手术刀、像

X射线",还可以"意趣盎然地涌出好奇的神色"。如果没有这样多向对比,我们怎么会体会到高尔基所言"托尔斯泰这对眼睛里有一百只眼珠"的含义? 看到这变幻多姿的比喻,我们在钦佩茨威格细致的观察能力的同时,也会由衷地赞叹他丰富的想象能力。

📖 文题展示

写一段人物描写或景物描写,其中至少运用三处比喻,字数200～300字。

◎ 习作示例

父 亲
——罗中立油画《父亲》比喻摹写

王淑婷

他的脸膛黝黑,几乎找不到一处光滑的皮肤,脸上密密麻麻地布满皱纹,好似黄土高原上那沟壑纵横的地表。他的鼻梁并不高挺,倒像是土地上鼓起的一堆土丘,眼睛和嘴也只是高原上因干旱而开裂的较大的缝隙。胡须和眉毛很久都没有打理,少得可怜,几乎根根分明,如同黄土高原上稀疏的植被。在他的脸上,没有显现出一丝生气,更多的是忧郁。然而,这样的一副面孔下却居住着一个伟大的灵魂——父亲。

【曹老师点评】

小作者运用"情境组合设喻",勾画出了黄土高原上贫穷而伟大的父亲形象。

夏的气息

杨莹莹

雨连绵地下，夏姑娘的脚步声愈加清晰，夏的气息也愈加浓厚了。

看吧，雨珠串成一串，毫无缝隙，在狂风的怒号下变成了大波浪的形状，银白色的雨丝，根根雨丝连接，形成了夏姑娘一头蓬松的银白色的卷曲长头发，随风飘动，美丽而又优雅。

不知是哪位老太太在窗边缝制着小布鞋，一阵风卷过，不等那老太太挽留，就把旁边的那一卷线卷上天空，仅留下了窗旁老太太惊异的眼神。线在风的引导下在天空中绕了几圈，形成了夏姑娘的眉，细如丝线，或许是对这对眉最好的形容。

路上的行人来来往往，农民庆祝着雨的来临，而公司的职员却在为雨的来临而担忧，支在头顶的黑色雨伞，构成了夏姑娘的小墨镜，里面反射着无穷无尽的心情，或喜或悲，总是阻挡不住时间的推移。

雨后的天气朦朦胧胧，水汽弥漫，夏姑娘白皙的脸在空中若隐若现，她的真面目越来越清晰了呢。

野花的芬芳气息传来，夏姑娘迫不及待地编成一双鲜花鞋，穿在脚上，踏着碎步朝我们缓缓走来。

夏天的气息，真是越来越浓了呢。

【曹老师点评】

夏姑娘的长发、细眉、白皙的脸，还有小墨镜、鲜花鞋，一连串的情境组合设喻，写出了夏的芬芳清秀。

最佳后卫

孝信生

足球比赛时，总会看到我方最后一道铜墙铁壁——梅傲寒。

当球从对方半场如一颗流星般飞来时，他像一位狩猎者，在场上快速移动，发现目标后，这颗流星像被他镇住似的，停在脚下。

这时，他左脚支撑，像插入地中一般。右脚犹如弓弦，拉到最长，突然弹出，这颗流星又变成了一把"利剑"，直戳对方场地的心脏。

正是由于这最后一道铜墙铁壁，才控制住了局势，为我方进攻打下了基础。

最佳后卫，非他莫属。

【曹老师点评】

小作者运用"瞬间延展设喻"，写后卫防守的一连串动作，逐渐把比赛气氛推向高潮，呼应题目中"最佳"二字。

课　评

聚焦比喻，上好质朴家常的写作课
——评曹静老师《跟〈列夫·托尔斯泰〉学比喻传神》

冯培妮

"文章千古事，得失寸心知"。写作活动是一种高级的精神活动，写作过程也是一种极复杂的、不易说清的过程。在教学过程中，写作与阅读同等重要甚至更重要，然而，现状是教学生写作恰恰成了诸多一线教师不愿面对的难题，写作课基本处于无指导状态。即使有指导，也常常是"给题目——读范文——写作文——读优秀例作"的模式,这样的写作教学模式,极大地伤害了大部分普通学生的写作积极性,也使一些有追求的老师感到困惑:作文到底教还是不教,用什么资源去教,以怎样的形式和方法去教。这些问题常常困扰着一线教师,我们期待一种质朴平实的家常写作课,能够实实在在地指导学生的现场写作,也能够给观课老师带来一定的启发。

曹静老师的这一堂语段写作课,没有繁复的写作知识的传授,亦没有炫目技巧的呈现,而是从阅读文本中寻找富有写作价值的点,指导学生进行真实的写作训练,让学生写好平常文章。

一、聚焦"比喻",善于开发写作资源

初中《义务教育语文课程标准(2018 年版)》有这样的描述:"语文课程应该是开放而富有创新活力的。要尽可能满足不同地区、不同学校、不同学生的需求,确立适应时代需要的课程目标,开发与之相适应的课程资源,形成相对稳定而又灵活的实施机制,不断地自我调节更新发展。"

教师自主开发课程资源正是语文课程开放性与创新性的表现。曹静老师独具慧眼,善于捕捉阅读文本中的闪光点,并把它转化成写作资源。例如,曹静老师注意到课文自读旁批中的提示:"为何用'低矮的陋屋'来比喻外貌?文中还有一些新奇的比喻,阅读时注意体会其特别效果。"课文提示本意在于引领学生关注比喻句式及其表达效果,而曹静老师却从中发现了可贵的写作资源:"从以上几点来看,比喻的学习多数情况仅仅是针对句子。细读课文,发现文中作者写比喻句打的是'组合拳',形成语段。"由此可见,曹静老师不仅善于在细读文本中发现问题——发现课文用的是比喻句的"组合拳",更善于将问题转化成资源——学习课文用比喻写语段。而形成这样的意识和曹静老师本人丰厚的语文素养及长期的写作指导实践是分不开的。

二、重视实践，指导与训练相结合

写作资源发掘出来，聚焦"比喻"，又有可学习的样本，进行语段训练，似乎是水到渠成。然而，若仅仅满足于此，便又陷于我们惯常所用"给范文写作"的固化模式中去了。

"语文课程是实践性课程，应着重培养学生的语文实践能力，而培养这种能力的主要途径也应是语文实践"（《义务教育语文课程标准（2018 年版）》）。学生写作就是一个语言实践的过程，然而，这种特殊的实践活动如果缺乏有效的指导往往就会流于形式，耗费了学生的时间而收效甚微。曹静老师的课重视有效指导，其表现如下：

依托文本，梳理设喻方法。仅仅告诉学生文段用了比喻方法是远远不够的，曹静老师对课文文段中的比喻进行了梳理，明确了文段组合设喻的三种方法：情境组合设喻、瞬间延展设喻、多向对比设喻，让学生认识到即使一个看似简单的比喻文段，也是有章可循、有法可依的。更为可贵的是，教师针对文本中的设喻文段进行有效解读，为学生的写作提供了切实的指导。以解读"情境组合设喻"为例：教师先引领学生阅读原文语段，紧接着用连续几问激发学生的思考：

"脸庞、胡髭、长髯、脸膛、眉毛、鬈发、胡子、额头、皮肤、鼻子、耳朵、嘴唇，这些不都是一张脸上的部件吗？"

"植被、空地、树皮、树根、泡沫、热带森林、陋屋、横梁、树柴、村舍外墙，这几个词语，让你联想起了什么？"

"是不是想到在茂密的热带森林里，有一间低矮的陋屋？"

当学生思考的阀门被打开之后，教师进行了这样的引导："这两组词语，恰恰分属比喻的本体和喻体。"——一语惊醒思考中的学生，教师后续的解读，诸如"脸庞"是"空地"，上面的毛发就是"植被"，脸膛黝黑皱似"树皮"，眉毛宽约一指像"纠缠不清的树根"等以及解读小结"作者运用比喻的妙处，在于把一张脸上的部件分开设喻,又让这些比喻处于同一个情境中,巧妙地融合在一起,浑然一体,相映成趣。"便是把学生思维的澎湃之水引入一片良田沃野。

有效指导指引有效写作。从学生习作来看,学生领悟了文段组合比喻的精髓和写法。几篇例文都达到了写作要求。尤其是《父亲》一文,设喻贴切精当,符合人物气质,堪称佳作。

这是一堂质朴家常的作文课,它的聚焦"比喻"和有效指导解决了作文教学"教什么"和"怎么教"的问题。正如黄厚江老师所言"其实写作教学教什么的问题,更为重要","其实,作文课有很多种教法,有着非常丰富的课型"。写作教学研究是一个漫长而艰难的寻求过程,但在这样的寻求过程中,我们也会如曹静老师一样时时享受发现与创新的愉悦。

(冯培妮,西安东仪中学语文教师。西安市教学能手,西安市基础教育资源应用名师)

跟《社戏》学以景传情

教　材	部编版八年级下册第一单元
篇　目	《社戏》
写作知识	寓情于景的小窍门

教学缘起

　　《社戏》是历久弥新的经典篇目。其中的景物描写是鲁迅先生为读者绘制的水墨画，散发着淡淡的芬芳。教师引领学生发现以景传情的技巧，借以指导学生写作。

教师解读

文段：

　　两岸的豆麦和河底的水草所发散出来的清香，夹杂在水气中扑面的吹来；月色便朦胧在这水气里。淡黑的起伏的连山，仿佛是踊跃的铁的兽脊似的，都远远地向船尾跑去了，但我却还以为船慢。他们换了四回手，渐望见依稀的赵庄，而且似乎听到歌吹了，还有几点火，料想便是戏台，但或者也许是渔火。

——鲁迅《社戏》

"两岸的豆麦和河底的水草所散发出来的清香"，豆麦和水草混合起来的清香，不禁让人联想起《春》里"风里带来些新翻的泥土的气息，混着青草味儿，还有各种花的香，都在微微润湿的空气里酝酿"。这清香仿佛已经迎面拂来，不由得陶醉在那个弥漫着清香的夏夜里，甚至不由得让人联想起曾经路过刚刚经割草机走过的草坪，淡淡的青草香，悠悠地飘进你的鼻孔。

即使是这样的美景，也不能让"迅哥儿"沉浸其中。他眼前的连山，如"踊跃的铁的兽脊""远远地向船尾跑去了"。"跑"字用得特别好。日常生活中，开着车，望向窗外，本来安静地立在路旁的行道树，仿佛长了腿，长了脚，排着队向车后跑去。你越是着急阻拦，它们就"跑"得越快。这句话，不禁让我们联想起前文中，作者给这群少年共同的荣誉称号——"弄潮的好手"，也不禁让我们感叹，这样的好手驾船，"迅哥儿"还以为船慢，那他想看社戏的心情是多么急切啊！

我以为，更妙的还是后面几句。"他们换了四回手，渐望见依稀的赵庄，而且似乎听到歌吹了，还有几点火，料想便是戏台，但或者也许是渔火"这句话里有这样几个词，"渐""依稀""似乎""料想"，这些猜想、揣摩的词语，似乎都不确定，然而从这些"不确定"的词语中，我们可以确定地读出"迅哥儿"急切盼望到赵庄看戏的心情。

这句话中最有趣的是"但或者也许是渔火""或者也许"这两个词特别值得玩味。这么一个小小的念头，在少年心里是如何翻转着，缠绕着，就像一个孩子盼望过生日，看到彩纸包裹着的礼物会猜想是不是自己最想要的那份礼物时的心情一样，明明盼望着早点到达，早点看到心仪已久的社戏，可心里又有些许忐忑，一丝纠结。

到底是渔火，还是戏台，其实并不重要。夏夜的美景、孩子的心情，则是最美的。

如何借美景来写出心情？从这一段中，我们可以学到三个小窍门：

一是把自己所有的感官都调动起来。

把自己投入大自然的怀抱中，去看、去听、去闻、去感受，只有这样，才能让读者从你的景物描写中读到你的心情。不必说朱自清的笔下的春风沁入我们心脾,宗璞笔下的紫藤萝不也在你眼前闪着光、散发着诱人的香气吗?

二是巧借修辞,展开联想。

景物是客观存在的,可是加上你的联想和想象,这景物就在你的笔下有了灵性,有了生命,仿佛是你心中的小精灵被释放出来,在读者眼前飘飞摇曳。

三是借助一些修饰性的词语,来婉转地表达心情。

鲁迅先生是这方面的高手。"这里似乎确凿只有一些野草",这句话想必大家记忆犹新吧。眼前"确凿"只有一些野草,而"似乎"又不是,有了这句话,才引出百草园那些蟋蟀、覆盆子和木莲们。

文题展示

请你以"风""雨"或"四季"为话题,写一段景物描写。

要求:1.调动各种感官写景,适当展开联想和想象,表达出自己的心情。

2.字数 200 字左右。

习作示例

寒　风

丁佳盟

清晨,我走在上学的路上。抬头望去,树上的叶子只剩三分之二了。一阵魔鬼般的声音吼过,树上只剩下几片叶脉比较发达的叶子,在树干上硬撑着。那粗壮的树干也左右摇晃着。原本是郁郁葱葱的草地,现已变得枯黄,似乎正在冬眠,为明年的绿色贮蓄着能量。

曾经响着潺潺流水声的小河,此时已经结上了一层薄薄的冰。

如果不小心把水洒在地上,不一会儿就会结成一片薄冰,故意刁难路上的行人。

路上的行人密密麻麻的,个个把自己裹得严严实实,只露出一双小小的眼睛。每个人在与别人说话时,嘴里都呼着热气,如同神话故事中能吞云吐雾的龙。

本来上学路上还可以见到一些猫猫狗狗。今天我竟没发现一只猫一只狗,只怕它们是躲在窝里睡懒觉了。在空中,只有一只白色编织袋来回飞舞,为人们展现它那独特的舞姿。

【曹老师点评】

"寒风"如何表现?

小作者注意调动各种感官,来体验风之"寒"。如听到了"魔鬼般的声音",看到了"那粗壮的树干也左右摇晃着",感受着"嘴里都呼着热气",欣赏着"白色编织袋来回飞舞"。

当然,自然景物触发了小作者的联想和想象。如"原本是郁郁葱葱的草地,现已变得枯黄,似乎正在冬眠,为明年的绿色贮蓄着能量",再如"不一会儿就会结成一片薄冰,故意刁难路上的行人""在空中,只有一只白色编织袋来回飞舞,为人们展现它那独特的舞姿"。其中"冬眠""刁难""展现"等词语,用得惟妙惟肖。

春,向我们走来

李春茏

春天,是一个万物复苏的季节,是一个生机盎然的季节。春天是一个崭新的开始。

春天来了,那默默无闻的小草,趁你不注意,已经悄悄地探出了绿色的小脑袋,就像一个一个顽皮的小精灵。在这一片绿色中,还夹杂着朵朵美丽的小野花儿。你看那朵花儿,火红火红的,恰似一团燃烧的火焰。那绿的叶儿就是它一身漂亮的绿袍子啊！还有那<u>一丛丛</u>的不知名的小花儿，粉白相间，漂亮极了。

春天来了，河边的柳树已慢慢地抽出绿油油的枝条。一阵春风拂过，柳条左右摇摆着，就像一个少女甩动着柔软的秀发，又像风正在为柳树梳拢头发。英俊的竹子好像要同柳树比美似的，猛地把头从土里钻出，正对着铜镜般的河湾向柳树炫耀呢。但柳树不理睬竹子，随风跳起了舞蹈，还"沙沙"地哼着小调。

"一年之计在于春，一日之计在于晨。"春天作为四季的开始，必然会以崭新的面貌再次呈现在我们面前。

【曹老师点评】

比喻拟人手法的运用，为文章增加了灵动的色彩，表达了作者愉快的心情。如"一阵春风拂过，柳条左右摇摆着，就像一个少女甩动着柔软的秀发，又像风正在为柳树梳拢头发。英俊的竹子好像要同柳树比美似的，猛地把头从土里钻出，正对着铜镜般的河湾向柳树炫耀呢。但柳树不理睬竹子，随风跳起了舞蹈，还'沙沙'地哼着小调"。柳条摇摆，如少女甩动柔发，竹子对着铜镜似的河湾"炫耀"。

课 评

删繁就简三秋树，领异标新二月花
——评曹静老师课例《跟〈社戏〉学以景传情》

杨 青

初识曹静老师是在"语文湿地"，在那片适合语文老师诗意成长的沃土上，聚集了一大批具有教育情怀和庖丁解牛之技的优秀语文教师，而曹静老师作为青春语文工作室的核心成员，在其中也是一道非常独特的风景线。尤其在研究"写作型文本"方面，曹静老师独具慧眼，善于定格灵感火花闪现的瞬间,把文中隐性的思考、默会的表达及时转化为显性的写作知识,并由此生发,一路开花,让人难以望其项背。现就曹静老师的这堂课例,谈一下自己的拙见。

首先,曹静老师极具删繁就简之功。她能从《社戏》数以万字、生动而简练的文字中选取"两岸的豆麦和河底的水草所发散出来的清香"这一段充满江南水乡特色的景物描写,从中开掘"以景传情"的写作知识,就可以看出曹静老师的删繁就简之功。当然这种删繁就简,不是将问题简单化,而是显现出老师不以目遇而以神视的文本审视和解剖能力,成就的也是如三秋之树般瘦劲秀挺、意蕴深远的艺术境界。

其次,曹静老师极具领异标新之妙。曹静老师从《社戏》的写景文字中开掘"以景传情"的写作方法,是极具魄力和创新精神的。这个世间最美好的事不是跟随别人的脚步走了多远,也不是取得多华美的桂冠,而是对未知世界勇敢地探寻,努力走出的那一步步。在这方面,曹静老师给我们做出很好的榜样。曹静老师在解读这段环境描写时,抓住了"两岸的豆麦和河底的水草所发散出来的清香"进行联想,抓住"跑"这个动词,还有"渐""依稀""似乎""料想"这些表示揣测的词语,来感受作者急于去看社戏的急切心情。这也让我想起曹静老师对《从百草园到三味书屋》中"不必说碧绿的菜畦,光滑的石井栏,高大的皂荚树,紫红的桑葚"所在段落的写作资源的开发。曹静老师着眼于"菜畦""石井栏"等具体的小名词以及"碧绿""紫红""肥胖""轻捷"这些似乎会说话的形容词,让学生仿写。同时让学生根据"不必说……也不必说……单是……就……"的句式特点,让学生进行家乡特产方面的仿写。两次写作知识的开掘具有异曲同工之妙。

再次,曹静老师极具学以致用之格。她在对语段的解读过程中,开掘出"把感官调动起来""巧借修辞,展开联想""借助一些修饰性的词语,来婉转地表达心情"的以景传情的方法,可操作性强。她归纳总结出方法之后,让学生调动感官,展开联想,以"风""雨"或"四季"为话题写一段景物描写。有的学生也写出了"一阵春风吹过,柳条左右摇摆着,就像一个少女甩动着柔软的秀发,又像风在为柳树梳拢头发。英俊的竹子好像要和柳树比美似的,猛地从土里钻出,正对着铜镜般的河湾向柳树炫耀呢。但柳树不理睬竹子,随风跳起了舞蹈,还沙沙地哼着小调"这样美丽的文字,可见曹静老师对写作方法的开掘是成功的,具有二月花的悄然绽放和超凡脱俗。

"删繁就简三秋树,领异标新二月花。"以上这些,都是我需要潜心向曹静老师学习的地方,除此之外,我想再谈一下自己的一点思考。

首先,以景传情源自中国古代"天人合一"的思想,是从古代流淌下来的心物与物物之间的感应,如《诗经》中的"昔我往矣,杨柳依依,今我来思,雨雪霏霏",人与雪相通,由雪缠绕出铺天盖地的伤感;《虞美人》中"问君能有几多愁,恰似一江春水向东流",人的心绪与水的缠绵相通,由水流淌出永不消逝的哀愁。以景传情也就是借意象达意,借修辞达情。而在曹静老师选取的课文片段"淡黑的起伏的连山,仿佛是踊跃的铁的兽脊似的,都远远地向船尾跑去了"中,主要是运用拟人、反衬的手法来表现作者急于去看社戏的心理,而"仿佛""似乎""料想""或许"这些词是作者的揣测,和"以景传情"的手法无关。

其次,课堂设计可以再往精细度和厚度方面发展。例如,曹静老师总结的"调动感官"这种写作方法,可以对感官类型,进行更为深刻生动的解读。而"巧借修辞,展开联想"中对术语表述欠妥。修辞是写好文章的方法,包括表现方法、语言风格、音律手法等。根据曹静老师的解读,此处的"修辞"改为"修辞手法",并且应向学生明确,在以景传情的写作过程中,可以运用哪些修辞手法,让课堂往更精细的方向发展。在归纳总结方法的时候,可以多举一些例子增加课堂的厚度,如老舍的"四月中的细雨,忽晴忽落,把空气洗得怪清凉的",钱锺书的"满天的星又密又忙,它们生息全无,而看来只觉得热闹。一梳月亮象形容未长成的女孩子,但见人已不羞涩,光明和轮廓都清新刻露,渐渐可烘托夜景",这样就由单篇文章开辟写作方法,走向群文的刺激,能更好地打开学生的思路,给予课堂以厚重之感。

（杨青,青春语文工作室成员,山东省滕州市第三中学语文老师。滕州市优质课比赛一等奖,滕州市演讲比赛一等奖,滕州市教师基本功大赛一等奖获得者）

跟《土地的誓言》学写"乡情"

教　材	部编版七年级下册第二单元
篇　目	《土地的誓言》
写作知识	学习直接抒情与间接抒情

教学缘起

　　端木蕻良说："在我的性格的本质上有一种繁华的热情。这种繁华的热情对荒凉和空旷抗议起来,这样形成的一种心灵的重压和性情的奔流。"这种"心灵的重压和性情的奔流"淋漓尽致地表现在《土地的誓言》中。我尝试着把这篇散文敲成诗行,发现这本来就是一首写给土地的赞美诗。

　　本单元写作主题是学习抒情,写作实践题目之一是《乡情》。选取《土地的誓言》做《乡情》的范文,有以下几点考虑。

一、唤醒学生的生活经验

　　荣维东说过:"学生没什么内容可写主要是由于他们'不会转换',缺乏对生活进行唤醒、激活、体验、加工、转换、再造的能力。写作教学的重要任务是培养学生唤起、生成、转化已有生活记忆和经验的能力。"

　　《土地的誓言》中或列举东北特有的物产,或描写春秋两季的景物。这些描写,易于引发学生的联想。平时所累积的关于家乡的生活经验,被此次阅读经验激活并转化成写作内容。

二、弥补学生的语文经验

学生"不会表达"的原因有：字词不会写，句式不会用，缺乏篇章结构样式、表达技巧等。这些都属于学生"语文经验"的缺失，需要通过语文教学和学生自己的读写活动来解决。写作是一种书面语篇构造，是有一定样式的。多读书可以帮助学生积累言语文体感，形成文章图示认知，进而再转化为文体思维能力和建构能力（荣维东，《交际语境写作》）。

《土地的誓言》两段结构相似，都是以直接抒情做开头结尾，中间部分借景抒情。这相当于为学生提供了两篇范文。另外，文中丰富的表达技巧，也给学生提供了范例。这篇文章无论是从结构样式和表达技巧，还是从词语的运用等方面，都能起到弥补学生语文经验不足的作用。

教学过程

一、导入：观看《品读端木蕻良的〈土地的誓言〉》视频

教师利用多媒体播放视频。

二、师生共读，涵泳情感

1.教师整理视频结尾展示的《土地的誓言》（第 2 段节选）的诵读稿。

2.指导学生练习诵读。

【屏幕展示】

《土地的誓言》（第 2 段节选）诵读稿

（师）

土地是我的母亲，

我的每一寸皮肤，都有着土粒；

我的手掌一接近土地,心就变得平静。

(女领)我是土地的族系,我不能离开她。

(合)我是土地的族系,我不能离开她。

(男领)

秋天,

银线似的蛛丝在牛角上挂着,

粮车拉粮回来,

麻雀吃厌了,这里那里到处飞。

稻禾的香气是强烈的,

碾着新谷的场院辘辘地响着,

多么美丽,多么丰饶……

没有人能够忘记她。

我必定为她而战斗到底。

(男女合)

土地,原野,我的家乡,

你必须被解放!

你必须站立!

(合)

我必定为她而战斗到底。

土地,原野,我的家乡,

你必须被解放!

你必须站立!

你必须被解放!

你必须站立!

(女领)

我必须看见一个更美丽的故乡

出现在我的面前——

或者我的坟前。

而我将用我的泪水，

洗去她一切的污秽和耻辱。

（男女合）

而我将用我的泪水，

洗去她一切的污秽和耻辱。

（众合）

而我将用我的泪水，

洗去她一切的污秽和耻辱。

三、聚焦片段，学习抒情

（一）学习直接抒情

1.这则诵读稿的内容，是从《土地的誓言》第 2 段中节选出来的。其中，反复诵读的是哪几句？

【屏幕展示】

文段一：

（女领）我是土地的族系，我不能离开她。

（合）我是土地的族系，我不能离开她。

文段二：

（男女合）

土地，原野，我的家乡，

你必须被解放！

你必须站立！

（合）

我必定为她而战斗到底。

土地,原野,我的家乡,

你必须被解放!

你必须站立!

你必须被解放!

你必须站立!

文段三:

(女领)

我必须看见一个更美丽的故乡

出现在我的面前……

或者我的坟前。

而我将用我的泪水,

洗去她一切的污秽和耻辱。

(男女合)

而我将用我的泪水,

洗去她一切的污秽和耻辱。

(众合)

而我将用我的泪水,

洗去她一切的污秽和耻辱。

师:在这几个片段中,有一个代词"她",指的是什么?

生:"我是土地的族系,我不能离开她",从这句话来看,"她"指的是土地,是故乡。

师:土地、故乡,我们可以用"它"来指代,可作者为什么用了"她"这个指代女性的词语?

生:这一段开头有一句话:"土地是我的母亲",作者把土地比作母亲。

师:你从这个"她"字,能读出作者什么样的情感?

生:作者把故乡看作母亲,表达了对故土的深深眷恋之情。

师:一个小小的代词里居然也饱含着作者的深情。这段文字中,还有一个代词和"她"指向同一个意思,你发现了吗?

(生朗读)

　　土地,原野,我的家乡,

　　　你必须被解放!

　　　你必须站立!

生:这里的"你"应该指的是"土地,原野,我的家乡",和"她"意思相同吧。

师:既然意思相同,作者为什么由"她",而转用"你"了呢?

(生沉默思考)

师:我们把"你"换成"她",比较着朗读,看哪个效果好?

(生朗读)

　　土地,原野,我的家乡,

　　　她必须被解放!

　　　她必须站立!

生:还是用"你"更好。用上"你",读起来像是两个人情绪激动,站起来面对面地大声说话一样。如果换成"她",就像谈论别人的事情,没有这么直接,没有这么迫切。

师:此处用"你"这个代词,要表达怎样的情感呢?

生:这里表达了作者解放故乡的坚定信念,也表达了甘愿为故乡解放而奉献一切的决心。

2.阅读《学习抒情》。

师:请大家阅读单元写作《学习抒情》,了解直接抒情和间接抒情的含义和表达效果。

【资料】

常见的抒情方式有两种：直接抒情和间接抒情。作者不借助别的事物，直截了当地表明自己的情感，即为直接抒情；没有直白的抒情语句，而把情感渗透在叙述、描写和议论中，由读者慢慢体会，则是间接抒情。

师：你觉得这几个反复朗读的片段，采用了哪种抒情方式？

生：这几段文字采用了直接抒情的方式。

(二)学习间接抒情

师：阅读以下片段，你从中读出作者怎样的情感？

文段四：

(男领)

秋天，

银线似的蛛丝在牛角上挂着，

粮车拉粮回来，

麻雀吃厌了，这里那里到处飞。

稻禾的香气是强烈的，

碾着新谷的场院辘辘地响着，

多么美丽，多么丰饶……

没有人能够忘记她。

我必定为她而战斗到底。

生：我读出了农民丰收的喜悦。"麻雀吃厌了，这里那里到处飞"，麻雀这里那里都吃厌了，到处飞，说明这正是丰收的季节。

师：用你的声音来传递这种喜悦吧，你会选哪个词语？

生：我觉得读"到处"的时候，可以拖点音，就像左顾右盼的麻雀一样。

生："稻禾的香气是强烈的，碾着新谷的场院辘辘地响着"，这里有声音，有香气，可以想象得出人们在场院忙里忙外的身影。

生："银线似的蛛丝在牛角上挂着"，有蛛丝，难道牛儿很久没耕地了吗？

师：牛儿犁地、松土、施肥之后，秋天终于又出来帮忙收获了。

生：老师，我觉得这段话里单拿出一句来，并不稀奇。可是，把这些景物放在一起，组成一个秋收的画面，就特别美了！

师：你说得太好了！画面组合，这让我想起了马致远的《天净沙·秋思》。

（生纷纷抢着背出《天净沙·秋思》）

师："枯藤老树昏鸦，小桥流水人家"这十二个字，就刻画出了一幅深秋僻静的村野图景。古道西风瘦马，为僻静的村野图又增加一层荒凉感。诗人把平淡无奇的客观景物，巧妙地连缀起来，将诗人的无限愁思自然地寓于图景中。《土地的誓言》里画面组合中写了哪些景物？

生：《土地的誓言》中写蛛丝、牛角、粮车，写麻雀、稻禾、场院，这平淡无奇的几句话，写出了人们丰收的喜悦。

师：在这个画面里，有色彩，有声音，有香气，作者从多种感官角度写故乡的景色，因此也调动了我们的想象。我们似乎还能听到牛儿"哞哞"的声音，能够看到人们忙碌的身影。作者的回忆为什么这么清晰，这么亲切？

生：因为作者对故乡饱含着深深的眷恋。

师：这段文字作者运用了什么抒情方式？

生：作者运用了间接抒情，借助对故乡景物的描写，表达了对故乡深深的眷恋之情。

（三）这两种抒情方式，是如何综合运用的？

直接抒情的效果强烈、鲜明，间接抒情则含而不露，耐人寻味，都表达了对土地的深情。在这段文字中，作者兼用两种抒情方式：段落开头和结尾采用直接抒情，中间部分的回忆则采用间接抒情方式。

四、两段联读，求同比异

1.课文总共只有两段,这两段有何异同?

生:两段文字结构相同,都是先直接抒发对故乡的思念之情,然后对故乡展开回忆和描述,最后再直接抒情。

师:这两段结构相同,选取的景物是否相同?

生:回忆中选取的景物是不同的。第一段选取了东北所特有的物产,第二段选取的是春秋两季的景物。

2.师生品读第一段中写景部分

师:老师发现这篇《土地的誓言》,就是端木蕻良写给关东原野的赞美诗。所以,老师把这一部分改成了诗行的形式。

(教师出示诵读稿设计)

【屏幕展示】

(男领)

当我躺在土地上的时候,

当我仰望天上的星星,

手里握着一把泥土的时候,

或者当我回想起儿时的往事的时候,

(女领)

我想起

那参天碧绿的白桦林,

标直漂亮的白桦树在原野上呻吟;

(男领)

我看见

奔流似的马群,

听见蒙古狗深夜的嗥鸣

和皮鞭滚落在山涧里的脆响;

（女领）

我想起

（男）红布似的高粱,金黄的豆粒,黑色的土地,

（女）红玉的脸庞,黑玉的眼睛,

（男）斑斓的山雕,奔驰的鹿群,

（女）带着松香气味的煤块,带着赤色的足金；

（男）我想起幽远的车铃,晴天里马儿戴着串铃在溜直的大道上跑着,

（女）狐仙姑深夜的谰语,原野上怪诞的狂风……

（男）这时我听到故乡在召唤我,

（女）这时我听到故乡在召唤我,

（合）故乡有一种声音在召唤着我。

师:你认为作者用哪些方法写出了对土地的深情?

师生讨论,小结。

①在列举东北景物时选择了有特征、有意味的景物组成叠印的一个又一个画面,像电影镜头一样闪现,展现东北大地的丰饶美丽。

②在形容景物、物产时用了许多富有特色的形容词。

③运用了排比、比喻的修辞手法,使文章感情表达更充沛,使景物描绘更形象、生动。

④从听觉、视觉、嗅觉等多角度描绘东北景物、物产,给人以耐人寻味的感觉。

3.设计第一段诵读稿,练习诵读

《土地的誓言》（第1段）诵读稿

（男领）

对于广大的关东原野,

我心里怀着挚痛的热爱。

（群读）

对于广大的关东原野，

我心里怀着挚痛的热爱。

（女领）

我无时无刻不听见她呼唤我的名字，

我无时无刻不听见她召唤我回去。

（男领）

我有时把手放在我的胸膛上，

我知道我的心还是跳动的，

我的心还在喷涌着热血，

因为我常常感到它在泛滥着一种热情。

（男领）

当我躺在土地上的时候，

当我仰望天上的星星，

手里握着一把泥土的时候，

或者当我回想起儿时的往事的时候，

（女领）

我想起

那参天碧绿的白桦林，

标直漂亮的白桦树在原野上呻吟；

（男领）

我看见

奔流似的马群，

听见蒙古狗深夜的嗥鸣

和皮鞭滚落在山涧里的脆响；

（女领）

我想起

（男）红布似的高粱，金黄的豆粒，黑色的土地，

（女）红玉的脸庞,黑玉的眼睛,

（男）斑斓的山雕,奔驰的鹿群,

（女）带着松香气味的煤块,带着赤色的足金;

（男）我想起幽远的车铃,晴天里马儿戴着串铃在溜直的大道上跑着,

（女）狐仙姑深夜的谰语,原野上怪诞的狂风……

（男）这时我听到故乡在召唤我,

（女）这时我听到故乡在召唤我,

（合）故乡有一种声音在召唤着我。

（男领）

我常常把手放在大地上,

我会感到她在跳跃,

和我的心的跳跃是一样的。

它们从来没有停息,

它们的热血一直在流,

在热情的默契里它们彼此呼唤着,

终有一天它们要汇合在一起。

（合）

在热情的默契里

它们彼此呼唤着,

终有一天

它们要汇合在一起。

五、诗文联读,迁移写作

黄药眠《我爱我的祖国》

海子《醉卧故乡》

舒婷《土地情诗》

文题展示

在《土地的誓言》里，作者以饱满的热情描绘了他那美丽而丰饶的家乡。你的家乡是什么样的？你对它怀有怎样的情感？

以"乡情"为题，写一篇作文。不少于 500 字。

习作示例

乡 情

宋瑞嘉

我的故乡，是一个美丽的地方。虽然是乡下，很多人会觉得那里很土，很落后，但在一派繁华的车水马龙和楼房幢幢中生活久了，真正去到那儿，体会到的是朴实，是自然。

一棵枣树晃入我视线，第一条羊肠小道出现在不远处，第一个包头巾的老人缓缓走来。我知道，那是我的老家。当第一颗冬枣被摘下，第一个枣摊已摆好，第一缕枣的清香钻进我的鼻息。我知道，那是我的故乡——沾化。

我喜欢老家的春天，那是我儿时最美的景，自然地，那在我心中永远是最美的景。故乡的春季是新绿色的，是碧色，抑或是彩色，生机勃勃。

放眼望去，雪大多都化了，只有些顽固的还没化，冻在一起呈块状，一块又一块，灰灰的。大片大片的枣林子，那些枯了一冬的树枝，抽出了嫩嫩的小芽，仿佛是枣树终于得到了自己可爱稚嫩的小宝宝。大片星星点点的新绿洒满了整个视野，洒满了整片枣林，也洒满了我的心。

除了这难忘的大片新绿，我还记得有一个湖泊，因为离家有些远，所以只在小时某个春天随奶奶去过一次。那时是个可爱的初春时节，水碧波荡漾，水面平静得像一块碧玉，或祖母绿的宝石。徐徐春风吹来，水面掀起了一圈又一圈涟漪，绕在水面，波光粼粼。这圈圈的涟漪，荡漾在湖中，荡漾在那个初春，也荡漾在我的记忆中。

当然了，如果春天只是单一的绿色调，又怎能算是春？但枣树没有艳丽的花儿，装点不了整个春天，而家家户户的孩子们，就像花儿，悄悄地把枣乡的春，装点得就连百花齐放都比这逊色上几分。各色的花衣裳，娇小的身子，在林子中嬉闹，原本只有新绿色的枣林子一下子就生机盎然了。但百花齐放逊色的，不在色彩，不在数量，也不是带来芬芳的香气，而是那玲珑欢快、从四面八方传来的欢笑声！这正是花没有也不会有的，春天的生机。这些笑声中，有我小时的美好记忆。我也曾与他们一起嬉闹，穿着我自己的花衣裳，做一朵装点家乡春天的花。这一朵朵花儿，绽放在枣树林，绽放在欢乐中，也绽放在我的童年。

家乡的春季，家乡的风景，家乡的枣林，家乡的一切！都有我与家乡的情。我打开记忆之门时，我踏上那片土地时，我走近那片枣林时，我咬下甘甜的枣子时，我与家乡的情，就越来越浓，越来越浓……

【曹老师点评】

文章综合运用了直接抒情和间接抒情的方式，突出了乡情的主题。开篇直接抒情，家乡的美是"朴实的、自然的"，结尾用一组排比句表达出对家乡的热爱。文章主体部分，采用间接抒情方式。小作者先写家乡的全景，由一棵枣树引入，继而写羊肠小道、包头巾的老人、冬枣摊、枣的清香，家乡的风貌全方位地呈现在读者面前。接着，分别聚焦家乡的枣林、湖泊和孩子们,主要从视觉角度写出春天色彩的斑斓,如冬雪灰灰的底色、枣树上星星点点的新绿、湖泊荡漾的碧波,而孩子们的花衣服更是"装点春天"。小芽如"小宝宝",湖面如"碧玉""宝石",孩子们像"花儿",这些比喻的运用,也给文章增添了灵动的色彩。

乡 情

梅诗涵

　　我也有半年多没有回到家乡了,每次想起她,都觉得她无比亲切,儿时的事依旧还那么清晰。

　　在故乡的土地上,有我的欢声笑语,留下过我的脚印。我家院里有三棵枣树,已经好多年了。听妈妈说,在她小时候就有了。每到盛夏,树上的枣又大又圆,咬一口,那甘甜的枣汁流进唇齿间,是那么清爽。姥爷举着杆子打枣,我和哥哥便在树底下抢着拣枣。那时,整个院子里充满了我们的欢笑声。

　　秋天是个丰收的季节。放眼望去一片金灿灿的,人们的皮肤也被太阳晒得黝黄,好似与这片麦田融为一体。大人们在地里收割麦子,我们便在旁边玩耍。有时也调皮一下,到地里乱跑,把大片的麦子都踩倒。但大人们并不怪我们,反而对我们很宠爱地笑笑。割完后,便把它们拉了回去。这时,我们都会说车里拉着一堆"金子"。

　　冬天的故乡也并不孤单。下一场大雪后,我们便疯了一样在院子里打滚、堆雪人。不一会儿,院子里大大小小的雪人便都站在那里冲我们微笑。有这些雪人陪着,就算我们不出来,大地也不会孤单寂寞。

　　我的家乡并没有什么著名的特产。但在我家屋后有一片好东西。不过要看它还得过一座小木桥,但那座小木桥的周围常年被一大片蜘蛛网覆盖着，我们这些胆小的孩子就不敢过桥，因为大人说后面有一只蜘蛛精是吃小孩儿的。但那时哥哥并不害怕，拉着我的手便从那秘密的树叶和蜘蛛网下钻过。

原来后面有一大片的枸杞！红红的，斑斑点点的，像一个个的红钻石。从此，这里变成了我和哥哥的欢乐天地！我们摘了许多枸杞回家晒干泡着喝，我们躺在枸杞的树荫下，说着笑着，那是最惬意的事了。

虽然离开她已多年，但一想到她孕育的那些生命，就觉得她真的好亲切！我爱这片给我快乐的土地，我会永远记住她。

【曹老师点评】

小作者开篇和结尾，都用"她"来亲切地称呼故乡，感情之浓厚，一字彰显。文章选取了盛夏小院里一家人打枣、秋天收麦子、冬天打雪仗这三个快乐的场景，写出了对家乡的无限眷恋。其中，枣之甘甜、麦之金黄和雪人之大小不一，从不同感官角度写出了家乡的风貌。文章末尾还有一个彩蛋，小作者回忆起和哥哥冒险走过小木桥，探秘枸杞林的快乐时光。全文既有直接抒情，又借童年趣事来间接抒情，读起来兴味盎然。

乡　情

刘曌颖

我的家乡没有特别的物产，但是有用劳动换来的粮食；我的家乡没有特别的风俗，但是人人都有礼貌；我的家乡没有特别的景色，但是有一幅幅温馨的画面。

夏天的夜晚，一群老人在路灯下下象棋，耳边都是蝉鸣声，像是在给打仗的士兵吹响战斗的号角。门前的香椿树陪我长大，它是弯曲的，树枝伸向墙外，它的气味也很大，正因为如此我不喜欢吃它。

门前还有一棵不知活了多少年的老树,妈妈对我说,姥爷在的时候,它就在了。它很大,树枝直接伸向了后面的小菜园,上面还有一种叫"榆钱"的东西,吃起来没有味,但是做窝头很好吃。

秋天是丰收的季节。原本不大的小院瞬间被粮食填满,让人无从落脚,仿佛和对面隔了一条河,怎么也过不去。每次丰收,姥爷都会坐在小板凳上,打理着每一种蔬菜,像在给蔬菜穿上新衣裳。小院里也有枯叶,落在蔬菜上,黄色和绿色搭配在一起,中间还有一位老人在整理着,一幅和谐的画面。

每到晚上,天上都是星星,它们把整个村庄都照亮了。这应该就是郭沫若说的,天上的明星现了,好像点着无数的街灯吧。

在冬天,所有的河都结冰了,唯独黄河没有结冰,它仍然奔流不息。它的水是黄色的,水下面全是泥土。河边有一艘大船,不知是谁遗忘在了这里。石头缝里还有一株株蒲公英,轻轻一吹,它就带着旅行包飞向远方。

这些都是家乡独有的特点,其实还有很多,比如:两个村之间的十字路口,长满草的操场、热闹的集市、田地里干活的农民……

乡在那,情在心,这就是乡情。

【曹老师点评】

"乡情"就蕴含在这一个个朴实无华的画面里。初夏,我们可以看到老人们在路灯下下象棋,听到蝉鸣声,嗅到香椿独特的气味,尝到榆钱窝头的美味。秋天的小院里,有一条怎么也跨不过去的"河",黄色的枯叶和绿色的蔬菜,把老人整理蔬菜的身影,衬托得格外温馨。冬天的黄河满是泥沙,河边有被人遗忘的大船和石缝间生长的蒲公英。这些景物,都没有精心的雕饰,却展现了鲁北平原、黄河岸边的小村庄特有的风景。这些景物之所以写得如此脉脉含情,从文章结尾那句"乡在那,情在心"可知,直抒胸臆,篇末点题。

 课 评

如何打通作文的壁障

——简评曹静老师的《跟〈土地的誓言〉学写乡情》

张 娟

当前一些老师总认为，"阅读是吸收内化，作文是倾吐表达"，所以在课堂上把两者生硬地割裂开来进行教学。而曹静老师自发地在课堂上把阅读和写作结合，开发了《〈春〉里那些不能少的句子》《写出鲁迅的精神》《课文里的那些"距离美"》等一堂又一堂好课，让学生随堂仿写，课后修改，学生的作文水平显著提高。这得益于曹静老师的前瞻性目光，她早就树立了"跟课文学写作"的观念，并在省市课题立项研究。这样数年来，坚持研究实践，积累了大量素材和经验。下面本人就这堂课例谈谈收获，希望也能从中获得启迪和智慧。

一、"读"中创情境，建设写作的生态环境

王君老师在《一路修行教作文》里写道，"与其说我在教孩子们写作文，不如说我在努力为孩子们创设一种理想的写作生态环境。"其实创设写作的生态环境跟朗读有着密切的关系，特级教师孙春成也说："每讲一课，都应该好好指导学生有感情地朗读文本。"曹静老师在课堂上，聚焦式诵读、联读、分读、男女合、众合读，用各种形式的读，希望涵泳出本文的质量，为课堂的终点——写作，铺就一条梯级鲜明的路。就这样在读中品，在读中悟，在读中分享，如唐末段安节《乐府杂录》说的，"善歌者必先调其气。既得其术，即可致遏云响谷之妙也。"学生的情感发酵，在写相似的东西时，就会蓬勃而

出。这样给学生营造朗读空间,也为写作创设"生态环境",完成读、写、创的情感教育主线。因此,这堂课带着特有的识见、襟怀和担当精神。

二、技巧巧点拨,教给创作的基本方法

叶圣陶先生说:"语文教材无非是例子,凭这个例子要学生能够举一反三,练成阅读和作文的熟练技能。"《土地的誓言》是文质兼美的教材例子,如何让学生"举一反三",应用于文?曹静老师不仅在诵读中带领学生品析鉴赏,其后结合单元写作要求教给方法,还指导学生模仿运用,让学生既有感性认识,又有理性认识。比如,在"聚焦片段,学习抒情"这一环节,分别让学生了解直接抒情和间接抒情的区别,再引导学生对这两种抒情方式进行综合运用,彰显了这一堂课的目的和意义。具体课堂教学如下:

【课例片段】

师:请大家阅读单元写作《学习抒情》,了解直接抒情和间接抒情的含义和表达效果。

【屏幕展示】

常见的抒情方式有两种:直接抒情和间接抒情。作者不借助别的事物,直截了当地表明自己的情感,即为直接抒情;没有直白的抒情语句,而把情感渗透在叙述、描写和议论中,由读者慢慢体会,则是间接抒情。

师:你觉得这几个反复朗读的片段,采用了哪种抒情方式?

……

生:我读出了农民丰收的喜悦。"麻雀吃厌了,这里那里到处飞",麻雀这里那里都吃厌了,到处飞,说明这正是丰收的季节。

师:用你的声音传递这种喜悦吧,你会选哪个词语?

生:我觉得读"到处"的时候,可以拖点音,就像左顾右盼地看见麻雀一样。

生："稻禾的香气是强烈的,碾着新谷的场院辘辘地响着",这里有声音,有香气,可以想象得出人们在场院忙里忙外的身影。

生："银线似的蛛丝在牛角上挂着",有蛛丝,难道牛儿很久没耕地了吗?

师:牛儿犁地、松土、施肥之后,秋天终于又出来帮忙收获了。

生:老师,我觉得这段话里单拿出一句来,并不稀奇。可是,把这些景物放在一起,组成一个秋收的画面,就特别美了!

师:你说得太好了! 画面组合,这让我想起了马致远的《天净沙·秋思》。

从老师的提问、展示,学生的快速回答,可见学生在正确的引导下不仅能够辨识哪里是间接抒情哪里是直接抒情,还具有审美能力。比如学生的回复"我觉得这段话里单拿出一句来,并不稀奇。可是,把这些景物放在一起,组成一个秋收的画面,就特别美了""因为作者对故乡饱含着深深的眷恋"。他们能够捕捉到当时作者的生存状态,所以当学生自觉地走进作品情境时,他们的目光就带上了审美世界的自觉,而不是简单地图解时代。我们看学生的习作,那种高水准地掌握两种抒情方式,并且综合运用的本领,真让人惊叹。比如宋瑞嘉同学的《乡情》,"放眼望去,雪大多都化了,只有些顽固的还没化,冻在一起呈块状,一块又一块,灰灰的……大片星星点点的新绿洒满了整个视野,洒满了整片枣林,也洒满了我的心""除了这难忘的大片新绿,我还记得有一个湖泊,因为离家有些远,所以只在小时某个春天随奶奶去过一次……这一圈圈的涟漪,荡漾在湖中,荡漾在那个初春,也荡漾在我的记忆中""当然了,如果春天只是单一的绿色调,又怎能算是春……这一朵朵花儿,绽放在枣树林,绽放在欢乐中,也绽放在我的童年"。这些语言,从广义概括"洒满了我的心",到抽象概括"也荡漾在我的记忆中",再聚焦具象概括"也绽放在我的童年",既有生命的沉潜,更具岁月的深度体验,这一切来自课堂的诵读涵泳,来源于生命对生命的悲悯……

三、知识广积累，能力速提升

在课堂的末梢,曹静老师带学生总结了课文的写作技巧之后,迅速地转入课外诗文联读,通过黄药眠的《我爱我的祖国》、海子的《醉卧故乡》、舒婷的《土地情诗》一组小群文展示,读出它们与课文类似的写作技巧,比如抒情方式、修辞手法、意象组合,等等。但我觉得这三篇课文的涵容量都比较大,尤其是海子的诗歌,是对生命深度体验的复杂表现,教师能够节选最契合课文的部分,详细点拨,学生的理解可能会更透彻。但是就学生的习作来看,这一环节的提升拔高,又是必不可少的。语文课堂不能"只见树木,不见森林",适当引入素材,开阔眼界,"让学生进行独立的脑力劳动"也正是课堂的价值。

学生们写出具有独立精神的文字,是与和文本有效对话、写作方法的轻松点拨及深度地拓展功夫密不可分的。正像王君老师的课堂,"在这里诞生的文字,像一棵棵树,每一棵都有自己的根,都能开自己的花,都可以结自己的果。这些树,共同组成了一个大森林。"我相信凭着曹静老师的钻研精神,学生作文的壁障不再令人担忧了。

(张娟,文学硕士,王君青春语文工作室成员,任教于安徽省淮南市凤台县第四中学,市骨干教师,省市级课堂大赛一等奖,发表文章一百多篇。)

跟《邓稼先》学写人物精神

教　材	部编版教材七年级下册第一单元
篇　目	《邓稼先》
写作知识	多种方法写出人物的精神

教学缘起

　　部编版教材七年级下册第一篇课文《邓稼先》，篇幅较长，有六个部分。这六个部分在教学中如何选择，如何贴近学情，一直是我迷惑不解的问题。

　　王君老师认为，群文教学最基础的思维特质是"同类信息敏感"，最基础的操作方法是"同类信息整合"。所谓"同类信息敏感"，就是对同一文本中或者不同文本中具有相同气质和相同意义指向的语言信息具有高度敏感，意识到它们之间的呼应和联系，有把它们共同构成一个独立的语言场的语言冲动。而"同类信息整合"则是在教学设计中，让"同类信息"汇聚成富有价值的课堂信息源，相机指导学生以这些信息源为思维抓手，真正走进文本内核。

　　我把《邓稼先》和单元写作《写出人物的精神》放在一起对比阅读，发现原来《邓稼先》就是一组优质群文，共同的指向就是"写出邓稼先的精神"。这一组群文，可以看作"写出人物的精神"的方法的集大成者，正好可以给学生的写作实践做例文。

如何引领学生理解邓稼先的精神,学会"写出人物的精神"的方法?

偶然间读到了《中学语文教学参考》上段岩霞老师的教学设计,其中的一个表格给了我启示。

之前读过蒋军晶老师的《让学生学会阅读——群文阅读这样做》,其中提道:"群文阅读,往往会用阅读单进行问题设计,将多篇文章、多个话题元素融在一张表格或是一张图表上,大容量、大板块地进行讨论梳理,避免提问过多、过杂。"

阅读单是一个引导学生梳理内容、学会写作的好办法。于是,这堂课的思路慢慢地在我脑海中清晰起来。

◎ 教学重点

1.理解邓稼先的成就和襟怀,把握课文的思想内涵。

2.学习运用具体的描写、叙议结合等手法表现人物的精神。

♫ 教学过程

一、初识邓稼先

师:阅读课文第二部分《"两弹"元勋》,我们用这张表格梳理邓稼先的简历。

(学生梳理,课堂交流)

师:读这个表格,你发现哪些时间比较特殊?

生:"1964.10.16"和"1967.6.17"这两个时间比较特殊,因为这是原子弹和氢弹爆炸的时间,是邓稼先杰出贡献的纪念日。

生:"1948—1950"和"1950.10",这两个时间离得很近。邓稼先获得博士学位后立即乘船回国,到中国科学院工作。

师：1950 年，我们刚刚建国，积贫积弱，百废待兴，邓稼先舍弃了美国优渥的条件，在博士毕业之后，就毅然回国，投身科学研究工作。了解了这样的背景，你对邓稼先有怎样的认识？

生：我感受到邓稼先强烈的爱国情怀！

师：还有一组时间离得很近。"1986.3"和"1986.7.29"。1986 年 3 月，邓稼先做了第二次手术，在这期间他和于敏联合署名写了一份关于中华人民共和国核武器发展的建议书。

生：建议书的签署是在他去世前四个月，但是，他在做了手术后，仍然忘我地工作！

【资料助读】

孙绍振老师《名作细读》里有一篇《叙述胜于描写——解读叶兆言的〈闲话章太炎〉》，其中有这样一段话：

感染力不一定从丰富的描写中产生，叙述也能动人。

叙述，从表面上看，和描写不同。描写是在细节上铺陈，不仅是外部细节的铺陈，而且是内在情感的彰显。而叙述，首先是外部细节的简略，其次是情感的收敛。

散文以情动人，收敛了情感，会不会影响文章感人的力量呢？叙述吸引人的力量不在抒情，不在感情的强调，相反，倒是感情的隐蔽。隐蔽在什么地方？在故事中。

师：在《"两弹"元勋》中，博士毕业立即回国、病重仍关注核研究发展，这两件事是作者精心选择的，即使不用渲染，只做平静的叙述，也能表现邓稼先"鞠躬尽瘁，死而后已"的精神。由此可见，精心选择最能表现人物精神的事例是多么重要。在这个片段中，作者还用了哪些方法表现邓稼先的什么精神？

生：作者用叙述和议论的方法，赞扬了邓稼先光辉的一生。

二、仰视邓稼先

师：为了表现邓稼先的精神,作者在其他部分运用了哪些方法？请大家
　　阅读课文,完成下面的阅读单。

（学生完成阅读单）

阅读单

	成　就	品　格	写　法
从"任人宰割"到"站起来了"	巨大贡献		衬托
"两弹"元勋	世界先进水平 奠基人开拓者 "两弹"元勋	鞠躬尽瘁,死而后已	记叙 抒情 议论
邓稼先与奥本海默		忠厚平实　真诚坦白 没有私心　甘于奉献	对比 抒情 议论
民族感情？友情？	民族的骄傲		衬托
"我不能走"		物理直觉　数学见地 勇进的胆识　稳健判断 身先士卒　不怕牺牲	描写 引用
永恒的骄傲		忠诚纯正　无私奉献 有方向　有意识 为民族为人民奉献一生	抒情 议论

三、学写人物精神

师：回顾全文,我们可以学到哪些表现人物精神的方法？

生：作者用百年历史的背景推出邓稼先,突出邓稼先的伟大贡献。

生：作者运用对比手法,把邓稼先与奥本海默进行对比,突出邓稼先忠
　　厚平实、真诚坦白、无私奉献的精神。

师:这一部分所选的事例,能够分别表现人物的性格特点,因此突出了邓稼先的精神。选取事例,也是有讲究的。

生:原子弹是中国自力更生造出来的,作者听了热泪盈眶。这有力地衬托了邓稼先的杰出贡献。

生:"我不能走"这一部分,引用了《吊古战场文》和歌曲《中国男儿》,我读了以后很受鼓舞。

师:如果恰当地引用,则能更加突出人物的精神,突出主题。同学们在作文中可以尝试着运用。

文题展示

生活中我们会遇到各种各样的人,有的让你尊敬,有的让你佩服,有的让你感动,有的让你叹息……以"这样的人让我_____"为题,写一篇作文。不少于500字。

提示:

1.题目横线处应该填一个能体现自己情感态度的词语。

2."这样的人"可以是你熟悉的人,比如你的同学、邻居,也可以是陌生人,比如路人、新闻报道中的人;可以是某个具体的人,也可以是某一类人。

3."这样的人"应该是具有某种精神品质,或代表某种风气的人。要着眼于个性、品质去描写,写出你的情感倾向。

习作示例

这样的人让我感动

王帅杰

父爱如山,母爱如海。可父亲,却是我心中的海。

他,如浪花般欢快。

那天，我们一家去公园放风筝。不一会儿，风筝像一只鸽子似的飞上了天空。但由于风速的减小，风筝也随之降了下来。我便开始下意识地跟着风筝奔跑。

但不幸的是，风筝被一棵树的"魔爪"牢牢地捉住了。我蹦着、跳着，想把风筝弄下来，但仅凭我这么小的个子，真是比去火星还难啊。

我便开始求助父母。在我的呼喊下，父母来到我身边，听清缘由后，妈妈指了指爸爸，感叹道："这对他来说，简直就是张飞吃豆芽——小菜一碟啊！"

我的眼睛还没眨一下，爸爸已经把袖子撸起来，开始跃跃欲试了。只见他向两手哈了哈气，然后紧紧地抱住树干，脚也下意识地踩住树疙瘩，像猫一样三步并两步地爬上了树杈，捡回了失散已久、想重回蓝天的风筝。

也许是爸爸兴奋得过了头，一不小心从树上滑了下来。只见他勇敢地张开双臂，竟然从树杈上跳了下来！受宠若惊的我赶紧跑过去，扑进爸爸的怀里。爸爸依然满面春风地对我说："你爸爸是谁？你爸爸健壮得很呢！"

这就是我的爸爸，一个为了我而不顾一切的好爸爸。

他，如海面般宽宏沉稳。

一次小测验，我考得不是很理想，老师也针对性地批评了我。望着阴湿又雨淋淋的窗外，我愤愤不平地说："连你也欺负我！"

回到家，衣服早已淋湿，我垂头丧气地回到房间做作业。正在看书的爸爸习惯性地来到我的房间，亲切地问了句："今天这么冷，没冻感冒吧——怎么了？"

我再也控制不住自己的眼泪，号啕大哭着扑进了爸爸的怀里，边哭边倾诉内心的痛苦："考试考砸了，就连雨也欺负我！"

爸爸边抚摸着我的头边"嘿嘿"地笑了一声："你再哭，就成男子汉大豆腐啦！再说也不是别人的错呀，你看，你自己不好好学习，怎么能考好，怎么能对得起你的分数呢？对吧！"

我揉了揉哭红的眼睛，不好意思地笑了。"一次考不好不要紧，下次可不能这样了哦！"耳边传来爸爸的鼓励声，我用力地点了点头。

我的爸爸虽然学历不高，见识也不多，不会玩电脑，也不会玩手机，但他永远是我的好爸爸，是我心目中的英雄！

【曹老师点评】

父亲，有时如浪花般欢快，有时如海平面一样宽宏。小作者细腻的笔触，记录了儿时父亲为他摘风筝、解烦忧的两件小事。动作描写、语言描写，加之清晰的结构，让一个慈爱、宽厚、平凡而又伟大的父亲形象跃然纸上。文章结尾的议论，也起到了画龙点睛的作用。

这样的人让我佩服

邵佳雨

她的出现，让我的人生发生了180度大转变。上了初中以后，她的笑脸还时时浮现在我眼前。她就是我的小学同学加好闺蜜——管悦彤。

她时常梳着一个长马尾，头发又黑又直，有一双会说话的眼睛。

她性格开朗，时常笑嘻嘻的，但也有难过的时候。记得有一次，上语文课的时候，班主任田老师因为她这段时间上课心不在焉，狠狠地训了她一顿。

训完以后，我担心地问她："你没事吧？"

"没事！"她向我挤出了一个言不由衷的苦笑。

　　怎么可能没事，全班同学都看着呢，老师的话又说得那么狠，她站在那里，看似无比坚强，又有谁能发现她那双大眼睛早已蓄满泪水？

　　她很善解人意，有人"背叛"她，与她的对手交友，她并没有怨天尤人，而是反思自己的过错。在一次元旦前夕，全班同学集体在操场上玩耍，有一位小同学在操场上狂奔，不小心绊了一下，手中的饮料不偏不倚地全洒在她身上，她那洁白的校服，顿时像开了花。只见她皱了一下眉，把小同学扶了起来，安慰几句，就让小同学走了。我看着她的校服，心想：完了，这可是新校服啊，元旦联欢她不是还要表演节目吗？结果，她只是略微清洗了一下，后来她妈妈问及此事时，她也只是含糊应付过去。

　　她还是个不折不扣的学霸，年年期末考试成绩班级排名前十。但她一点也不自傲。经常在周末给我讲题，感觉跟她在一起，时间总是过得特别快。

　　她是我的好朋友，虽然上了不同的初中，但我们经常联系，经常见面，就像小学一样快乐。

　　她的学习成绩、她的善良、她的坚强一直让我佩服。

【曹老师点评】

选择最能表现人物精神的事例，是写这篇文章最重要的事。小作者选取了好友面对老师的批评、遇到同学弄脏衣服，却不抱怨，让我们感受到了好友那颗善良、宽厚的心。

这样的人让我佩服

张潇雅

你可见过一个戴着黑框眼镜、梳着高高的马尾、个子不算高、额前还有些略微凌乱的碎刘海的女生？她就是那个让我佩服的人——宋瑞嘉。

她是我们班的班长，学习成绩自然是毋庸置疑的。于是每天必不可少的，便是我喊她的声音了。

"嘉哥，这道题怎么做呀？"

"嘉哥，这个该怎么改同义句？"

"嘉哥"是我们对她的别称，如若有事相求，一声"嘉哥"必然给你办成。当然，前提是在学习方面的问题。

她在学习上给了我不少帮助。每当她眉头紧锁，专心解题或在做别的事情时，只要我向她请教问题，她都会立刻停下手中的事情，仔细地给我讲解。这时候，我总能看到她隐隐发光的"好班长"光环。

在课下，我们也是很好的朋友，经常一起结伴而行。例如做操，或一起去多功能厅上课时，我们都会一起去。当然，我们也是有特殊"仪式"的：临走前表情严肃认真，她先将胳膊弯成标准的90°，我再挽住她的胳膊。也因为我们两个人的默契配合，经常会互相调侃。在我眼里，"嘉哥"是一个特别开朗和幽默的女生，一个好相处的同学。

我们班长——宋瑞嘉。既爱助人为乐，又凡事以班里同学为重，有问题先帮同学解决，私下也极其好相处。

这样的班长，让我怎能不爱，怎能不佩服呀？

【曹老师点评】

小作者选取"嘉哥"有求必应、结伴同行时两人特殊的"仪式"两件很有特点的小事，来表现班长乐于助人和极好相处的特点。语言描写、动作描写，都很活泼有趣，可见小作者一颗纯真烂漫的童心。结尾小结点题。

这样的人令我感动

段梦妍

在平凡的生活中,总有这样一群人:让人敬佩,让人尊敬,他们做的不一定是多么伟大的事,却总能触动我们内心深处的那一根弦。她,也是一个平凡得不能再平凡的人,却深深地打动了我。

记得那是去年的冬天,十分寒冷。我穿着厚厚的羽绒服推开家门,准备乘公共汽车去上学。推开门,一股寒风扑面而来。我转头一看,不知是谁把窗户打开了。但整个楼道里也只有从窗户照射进来的那一丝微弱的光。

我,本来就怕黑,还怕那种不存在的东西,黑暗加上冷冷的寒风,我更不敢走了。只能迈着颤颤巍巍的步子,心惊胆战地一步一步往下走。

就在这时,门开了。楼道内的光线顿时明亮起来。但它没有像往常那样渐渐关上。我带着一丝疑惑抬起了头,看到一位奶奶,竟在用她那瘦弱的身躯,努力支撑着那对于她来说犹如野兽般的铁门。

从门外吹来的风疯狂地拍打着奶奶的身体,奶奶却已满头大汗,腿部也在剧烈地颤抖。

我见了,之前心中的恐惧立即烟消云散,心里想的只有:"快点,快点,再快点!"奶奶看见后,露出只有几颗牙的微笑,安慰我说:"孩子。别着急,有奶奶呀,在这儿帮你撑着。"说完,身子却极其不配合地向前挺了一下。我不免又加快了脚步。

终于,我走到了门口,连忙靠在门上,让奶奶先进门。望着奶奶弯着腰,好似直不起来的背影,我的眼睛不禁湿润了。

奶奶她犹如冬日里的阳光,带给我无限的温暖,让我不再感到丝毫的寒冷。

其实在生活中,这样的人还有很多:在黑暗中,在你身后为你照亮的人;在公交车上,因你而让司机等待的人;又或者在你看急诊时,明明排在你前面,却让你先看病的人……这些人都能让我们感动。我们也要争做这样的人。

【曹老师点评】

一件几秒钟的事情,却写出了六百多字的文章。秘诀何在?小作者善于"延长"时间,细腻地写出了奶奶为我开门之前、之时、之后,自己的心理感受。时间在小作者笔下慢下来,可以细细地感受这温暖的过程。结尾由点到面,点题深化,更突出了这样的人让我敬佩。

这样的人让我敬佩

刘熠淳

我从未发自内心地敬佩过一个人,但这次不同,即使她只是一个未闻其姓名的陌生人。

在异地旅游时的画面已经褪去了原有的色彩,但那个镜头依旧在我的脑海中慢动作回放。

我坐在车中,目光呆滞地向窗外眺望,心中却在抱怨着异地的鬼天气。就在天边最后一轮光晕被高楼吞噬时,我们终于到达了目的地。

到了景区,还要徒步上山。我们走着,像马路上的车辆一样嘶吼着。跟着队伍不知踏过了多少级台阶,终于到了山顶。

我们随着队伍,向山顶上的雕塑投射去期盼的目光……

"轰"地一刹那,我猛地感到自己身后像有一座山坍塌了。随之而来的便是所有人的目光和双脚。

原来是一位爷爷突发心脏病。导游和游客立刻把老大爷围了起来,为了保持空气的流通,导游让所有无关人员立即散开。山上的巡警也仿佛从天而降,但无奈他们不懂急救知识。我在一旁看得心急,不停地用并不引人注目的步子往前挪动,脑海中闪过的唯一念头,是救人。

所有人又围过来了,都手持着手机上那点微弱的光线,这点光线不足以让所有人见到光明。

终于,她来了。她来了!

她是一名瘦弱的女子,不知从哪辆车上随着刚落下的雨滴跑下来。她身着白色上衣,柔顺的头发被豆大的、不懂人情的雨点击得散落在肩上,竭力地扭转挣扎着,仿佛也想为此事出一份力。她是谁?是上天派来撕破这黑暗的天使吧。

她迅速奔到那位爷爷的右侧,屈膝跪地,简直如新闻中的场景再现。她沉稳地喊着:"都散开,让空气流通起来。"她开始为老大爷做心肺复苏,双手交叉,双臂伸直,每分钟多少下她都一丝不苟。

雨渐渐小了,光明就要重现人间了。

老爷爷竟有了意识。他含糊不清地想表达什么,但就是说不清楚。那位女子意识到,他喉咙中有积痰。她呼唤着,想让大爷自己将痰咳出,但老大爷始终不清醒。这时,她便四处寻找手帕,想用外力让大爷咳出痰,不然,便会有窒息的风险。

导游早已拨打了120,但救护车迟迟未到,这是我平生第一次如此渴望听到救护车的鸣笛声。

又是一波雨。在导游的安排下,一排排伞不得已离开了山顶。临行前,我依旧频频回首,放不下的是心里的那份担忧。只见那团微弱的灯光中央,有一个瘦瘦小小的身影,在竭力挽救一个生命。

下山要漫长得多,因为身心都背负了许多……敬佩、惭愧、担忧,都随我一路小跑着下了山。坐在车上,人都到齐了。可我觉得少了些什么。窗外的雨低语着,是在告诉我:属于我的那份勇气迟到了。

对于我,对于那个老爷爷,对于车上的游客,也许她只是个陌生人,可是她却用这般低调的姿态,为我们留下了一份勇气,只带走一份敬佩。

【曹老师点评】

"在异地旅游时的画面已经褪去了原有的色彩,但那个镜头依旧在我的脑海中慢动作回放。"这件往事,在小作者心中挥之不去,是因为这位陌生人,在紧急关头对生病的老爷爷施救,唤醒了小作者心中的勇气,结尾处的议论,把"让我"两个字,体现得准确到位。

课　评

借课文之经纬,织作文之霓裳

——《写出〈邓稼先〉的精神》课例鉴赏

夏海芹

正所谓"文章千古事",长期以来,作文教学始终是语文教学的"难题"。部编版教材编排严密,尝试从根源上破解这一难题。教材每个单元都有一个作文训练点,相对独立又前后关联,各个点形成一个不断上升的序列,构建起语文写作体系。具体到单元内部,作文训练点与单元课文之间也是互相照应的关系。青春语文工作室的曹静老师将课文与作文打通,聚焦"跟课文学写作"专题,深入研究,成果丰实。这堂写作指导课,就是其中成功的一例。推敲本课,做如下鉴赏:

一、依托"阅读单",在阅读中提炼写作策略

《邓稼先》一课,虽是单文本教学,但篇幅长,由六个部分组成。曹静老

师巧妙地运用"阅读单"的形式,将相关信息进行整合。本节课,她运用了两次"阅读单"。

其一,在"初识邓稼先"环节,用"阅读单"梳理邓稼先简历。通过对时间的整理、比较、辨析,让学生感受到"邓稼先获得博士学位后立即乘船回国"的炽热的爱国情怀,和"去世前四个月前刚做完手术还签署核武器发展建议书"的忘我的工作精神。接着,引用孙绍振先生《名作细读》里的一段论述,让学生认识到"叙述是细节的简略,是情感的隐蔽"。文中精心选取邓稼先的两个典型事例,在不动声色的叙述中,具有打动人心的力量。

其二,在"仰视邓稼先"环节,用"阅读单"梳理写邓稼先精神的方法。学生得以站在一个较为宏观的视角通览全篇,依次归纳出"作者用百年历史的背景推出邓稼先"的"背景渲染法"、"将邓稼先与奥本海默进行对比突出其精神"的"对比分析法"、"原子弹是中国自力更生造出来"的"事件烘托法"、"引用《吊古战场文》和歌曲《中国男儿》"的"恰当引用法"等凸显人物精神的写作方法。

课堂的前两个环节,依托"阅读单",化难为易,变繁为简,紧密结合文本内容,归纳提炼出"背景渲染法""对比分析法""事件烘托法""恰当引用法"等写出人物精神的基本写作策略。为学生从课文走向作文,进行充分的热身,奠定良好的基础。

二、聚焦"勤练笔",在实践中积累写作经验

《义务教育语文课程标准(2018 年版)》明确指出"作文每学年一般不少于 14 次,其他练笔不少于 1 万字",这就要求语文老师,在作文课堂之外,还要适时适地地进行动笔训练。"跟课文学写作",把练笔机会分散到阅读课堂中,将作文的系统训练和散点训练相结合,大大提高了作文教学的有效性。

本节课的第三环节是写作实践。曹静老师让学生以"这样的人让我

_____ "为题,写一篇作文,不少于 500 字,要求学生写出人物的精神品质。这个有点抽象的作文题目,对于七年级学生来说颇具难度,如若放在平时,学生肯定无处下笔,无从说起。可是在本节课上,有了之前的教学铺垫,学生迅速地将习得的写作策略迁移到写作实践中,再进行个性化的升级创作,收效良好。

细观学生的五篇习作,或叙议结合,或由点及面,或选取典型事例,或细笔描摹,不仅人物形象跃然纸上,人物精神也能得到显现。学生下笔有言、下笔有神,缘于开课之初老师的"搭梯""造桥",写作触发点被激发出来。从这一点来看,一篇文本除了具有阅读教学的功能外,还兼具跳板的特点,学生经由这个跳板,跳到作文实践中,让鲜活的方法变为扎实的能力。

教材始终是语文教学的蓝本,课文永远是最生动鲜活的例子。曹静老师专注"跟课文学写作"的实践研究,打破传统阅读教学的藩篱,引导学生从读者视角转换为作者视角,绕到文本背后,从写作的角度观察文本,提炼方法,洞悉规律。在最熟悉的教材中学会写作,在日常的课堂中找到写作灵感,曹静老师"借课文之经纬""织作文之霓裳",为走出作文教学的困境,突破作文教学的难题,探索出一条作文教学的新路子。

(夏海芹,王君青春语文工作室成员,河南省新乡市获嘉县实验学校语文教师。河南省学术技术带头人,省优秀教师,省骨干教师,省教科研成果一等奖获得者,市名师,市骨干,市教科研专家。)

跟《春》学美感之"物我交融"

教　　材	部编版教材七年级上册第一单元
篇　　目	《春》
写作知识	聚焦"移情作用"

教学缘起

　　语文课,究竟要教给学生什么? 王荣生教授说:"教学内容的选择和确定有两个依据:一是依据文本体式确定教学内容,二是依据学情选择教学内容。依据文本体式和依据学情,具有一致性。"简化为三句话:"依体式,定终点;依学情,明起点;中间搭上两三个台阶。"

　　依体式,定终点,是指一篇课文教学内容的确定,需要研究课的特质。对课文特质的把握,可以从体式入手。

　　依学情,明起点。一篇课文教什么? 从文本的角度来说,就是要教学生理解和感受这篇课文最要紧的地方。钱梦龙先生谈到他的备课经验时说:"我看课文的时候,觉得有点疑惑的地方,我想学生读起来很可能会有困难。我看了好几遍才看出好处的地方,我觉得学生也很难看出它的好处。"

　　中间搭上两三个台阶。一堂课需要聚焦一个核心教学内容。每节课设置两到三个核心教学环节为宜。每个教学环节,要明确内容落点和学习方式。

《春》是一篇抒情散文。导读中提到"也是一首诗",那么,从文字中读出诗意美感,读出作者的心情,应该是最终的目标。学生能从《春》中读出作者对春的喜爱,却读不出作者是用精心打磨过的词语句子传递给读者一份心情的,用精心布好的结构来形成情感共鸣的。徐志耀老师说:我觉得从学生的需要出发,最主要的目标是让学生学会如何用生动形象的语言描绘景物的特征,表达自己的情感。现在的学生不缺乏情感,也能表现情感,他们缺少的是表现这种情感的方法与手段,这就是学生的"思维短板和瓶颈"。

请大家阅读下面这篇文段,说说少了什么?

《春》(节选一)

1.小草偷偷地从土里钻出来,嫩嫩的,绿绿的。园子里,田野里,瞧去,一大片一大片满是的。

2."吹面不寒杨柳风",不错的,像母亲的手抚摸着你。风里带来些新翻的泥土的气息,混着青草味儿,还有各种花的香,都在微微润湿的空气里酝酿。鸟儿将窠巢安在繁花嫩叶当中,高兴起来了,呼朋引伴地卖弄清脆的喉咙,唱出宛转的曲子,与轻风流水应和着。

3.雨是最寻常的,一下就是三两天。可别恼。看,像牛毛,像花针,像细丝,密密地斜织着,人家屋顶上全笼着一层薄烟。树叶儿却绿得发亮,小草儿也青得逼你的眼。傍晚时候,上灯了,一点点黄晕的光,烘托出一片安静而和平的夜。

这几段节选自《春》的文字与原作有何不同?仔细阅读,发现是删去了对三幅图画中人的活动的描写。删去之后,最美的句子都还在,可是总感觉文章少了一些活气,春天的味道淡了许多。

为什么会有如此效果?

朱光潜先生说过:"美感经验中的移情作用不单是由我及物的,同时也是由物及我的;它不仅把我的性格和情感移注于物,同时也把物的姿态吸收于我。所谓美感经验,其实不过是在聚精会神之中,我的情趣和物的情趣往复回流而已。"

他还举例说:"我忘记古松和我是两件事,我就于无意之中把这种清风亮节的气概移置到古松上面去,仿佛古松原来就有这种性格。同时我又不知不觉地受古松的这种性格影响,自己也振作起来,模仿它那一副苍老劲拔的姿态。所以古松俨然变成一个人,人也俨然变成一棵古松。"

所以说,写景的文段中,不能少了人的活动。只写景物,美感经验中移情作用就是单向的,最多算是拍了一张你喜欢的照片。如果加入人的活动,哪怕只有一句,景物就和人融为一体,就像看一场你喜欢的电影,你的心情会随着电影中的人物起伏,甚至你会不自觉地把自己想象成电影中的人物。

写人的活动的句子不能少,原因是美感经验中有物我情趣的往复回流。那么,在教学中这些句子到底价值何在?

《春》(节选二)

1.坐着,躺着,打两个滚,踢几脚球,赛几趟跑,捉几回迷藏。

2.牛背上牧童的短笛,这时候也成天在嘹亮地响。

3.乡下去,小路上,石桥边,有撑起伞慢慢走着的人;还有地里工作的农夫,披着蓑,戴着笠的。他们的草屋,稀稀疏疏的,在雨里静默着。

我们再来审视这些写人的活动的句子,会惊奇地发现,这是离学生的生活经验最近的文字。借助这些句子,就可以撬动学生头脑中那些封存已久的经验,让这些经验也出来享受明媚的春光!

正是因为有了以上的思考,我进行了如下的教学尝试,记录下《春》的三个教学镜头。

教学镜头

【镜头一：春草图】

师：我们来欣赏这幅春草图。你现在不是吴棣了，你是一棵春草。你会从什么样的土里钻出来。

生：松软的。

生：坚硬的。

师：到底是松软的，还是坚硬的？

生：坚硬的。

师：为什么是坚硬的？

生：因为土地经过冬天，冻得很硬。

师：所以啊，你这棵春草不是从松软的土地中长出来，而是从坚硬的土地中"钻"出来！

（学生恍然大悟，纷纷圈出这个"钻"字。）

师：你钻出坚硬的土地，发现了什么？

生：我发现周围很荒凉，全是枯黄的草。

师：同学们，在春天里留心观察的同学，一定还记得我们总是在枯黄的草间，发现一星一星嫩绿的小草。诗人韩愈有一句诗，是这样写的："天街小雨润如酥，草色遥看近却无。"

（生齐读一二句。）

师：（对吴棣）现在你不是小草了，现在你是一个穿得像个粽子的男孩，天冷，妈妈把你裹得严严实实的。当你偶然走出家门，看到绿茵茵的一片草地，你会做什么？

生：我会坐在上面。

师：文章里这样写道，大家一起读。

生齐读:坐着,躺着,打两个滚儿,踢几脚球,赛几趟跑,捉几回迷藏。风轻悄悄的,草软绵绵的。

【悟课】

春草图的教学创意,来自在温岭听到的王崧舟老师的课《记承天寺夜游》,记得当时课上王老师让学生体验不同的角色在那个月夜的心情。我在春草图的品味教学中,让一个男孩分别体验小草和小孩子的感觉,引导学生体会"钻"字所蕴含的蓬勃生命力,和孩子们受到小草的启发,也突破严冬的束缚走向春天的活力。

【镜头二:春风图】

师:牛背上牧童的短笛,这时候也成天在嘹亮地响。"嘹亮"是什么意思?

生:是响亮的意思。

师:"嘹亮"指声音圆润而响亮。牧童笛声嘹亮,而且是成天地吹呢。"成天"是什么意思?

生:"成天"是一整天的意思。

师:牧童嘹亮的笛声从早吹到晚,他不累吗?

生:他不累,他心里很快乐呢!

师:牧童心里高兴,还有谁很快乐?

生:鸟儿也很快乐,有一句"鸟儿将窠巢安在繁花嫩叶当中,高兴起来了",所以说鸟儿很快乐。

师:老师把"高兴起来了"删掉,再读这句写鸟儿的话,你从哪些词语里能读出鸟儿的快乐?

生:我从"唱出宛转的曲子"可以读出鸟儿的快乐。

生:我从"卖弄"读出鸟儿的快乐。

师:卖弄是什么意思?

生：就是显摆啊。

师：鸟儿对谁"显摆"她的歌喉呢？

生：鸟儿对着自己的朋友，这里写道"呼朋引伴地卖弄清脆的喉咙"呢。

师：是啊，快乐要大家分享啊。还有谁是快乐的？

生：牛儿是快乐的。

师：对啊，有牧童给它成天地吹短笛，牛儿自然是快乐的。我能不能说泥土是快乐的。

生：泥土是新翻的。

师：小草是从坚硬的泥土中"钻"出来的，泥土也想翻翻身舒展一下啦。

生：青草是快乐的。

生：花儿也是快乐的。

师：还有谁？

生：人也是快乐的。不错的，像母亲的手抚摸着你。

师：抚摸着你，抚摸着我，抚摸着沉醉在春风里的人们。同学们，牧童、牛儿、鸟儿、花草、人们，甚至清风流水都是快乐的。这里面藏着一个人的快乐？是谁呢？

（学生思考中。）

师：是谁感受到这么多的快乐？

生：是作者，是朱自清。

师：对啊，朱自清的心里是快乐的。我们带着朱自清的快乐心情，来朗读这一段。

（生朗读。）

师：我们体会到了作者的快乐。再来想想，作者是怎样用无声无形的春风写出快乐的心情的。我们除了看到繁花嫩叶之外，还可以做什么？

生：还可以闻到新翻的泥土的气息，闻到青草味儿，闻到花香。

师：这是从嗅觉角度来写的。

生:我们能听到鸟儿唱出宛转的曲子,听到牧童的短笛。

师:这是从什么感觉角度来写的?

生:是从听觉角度写的。

师:不错的,像母亲的手抚摸着你。

生:这是从触觉角度来写的。

师:同学们,我们可以感受春风的抚摸,可以听听自然的声音,可以闻一闻花草的气息。朱自清先生借春风告诉我们,观察不只是用眼睛,感受美不只是用眼睛啊。秋高气爽,你走在秋光里,是不是也可以调动各种感官去感受秋天呢?

【悟课】

透过语言,体会到作者的心情是教学难点。我从"成天"和"嘹亮"这两个词入手,体会到牧童的快乐。再一点一点地渗透,孩子们最先发现的是鸟儿的快乐。我以一句"能不能说泥土是快乐的",点醒了学生,"新翻的泥土"与前文中小草从土里钻出来联系起来,孩子们理解了可以把快乐传递给看似无生命的泥土。进而,花、草、牛儿、清风、流水,这些都在学生心中被投射了快乐的心情。我继续追问,还有谁是快乐的。由此问引出对作者情感的理解,最后在理解了内容的基础上归纳出作者从多种感官角度写景的手法,为后面的写作教学做好准备。

【镜头三:春雨图】

师:"乡下去,小路上,石桥边,有撑起伞慢慢走着的人。"下雨了,为什么有人在雨里"慢慢"走着?

生:他可能是在享受春雨吧。

师:你来谈谈,他为什么觉得是"享受"呢?

生:因为这里风景美,他是走在"小路上,石桥边"。

师:读到这一句,我们发现这不是我们北方,而是小桥流水、烟雨迷蒙的江南啊。还有个不同之处，我们北方是"春雨贵如油"，而朱自清笔下的雨却是——

生：一下就是三两天。看，像牛毛，像花针，像细丝，密密地斜织着，人家屋顶上全笼着一层薄烟。

师：牛毛我们很少见到了，但我们知道有个成语叫"多如牛毛"，想来牛毛是细密的。用牛毛形容春雨，说明春雨细而密。我们平常最多写一个比喻，可是朱自清先生却用了三个比喻，你能说说另外两个好处吗？

生：花针，注释里解释为绣花用的针。为什么比作"花针"呢？

师：花针是金属做的，在灯光下会闪闪发亮啊。

生：这里是说春雨不仅细，而且亮。

师："细丝"大家见过吗？就是蚕丝啊。在小学科学课上，大家应该学过养蚕。

（学生有的摇头。）

师：可能我们没有触摸过蚕丝，要知道蚕丝做成的真丝衣服是很柔软的。

生：春雨也是柔柔的。

师：我们来看，写春雨用一个比喻也可以，可是作者为什么一连串地用了三个比喻？

生：这三个比喻，写出了春雨的不同特点。

生：作者可能觉得写一个不够用。

师：写一个不够用来表现春雨的特点，还不够用来做什么？

生：还不够用来表达作者享受春雨的心情。

师：还有谁在享受春雨呢？同学们再读这一段，仔细找一找。

生：还有树叶和小草。

师：我们来读这一句——

生齐读:树叶子却绿得发亮,小草也青得逼你的眼。

师:有一些人我不理解,就是在地里工作的农夫,披着蓑,戴着笠的。他们为什么不一起享受春雨呢?

(生思考。)

师:刚才我们读到"小路上,石桥边",发现这是江南的雨景。江南多数是种水稻的,他们忙着插秧呢。下一段中有句话,能帮助我们理解农夫们忙碌的原因。

生:一年之计在于春。农夫们是在为一年的好收成做准备。

师:杜甫有诗:"好雨知时节,当春乃发生。随风潜入夜,润物细无声。"春雨是这般通晓农夫的心情。

生:农夫也是在享受春雨啊。

【悟课】

春雨图的赏析,我抓住了"慢慢"一词,引出"享受春雨"的情感,再从具体的语句中体会"享受"的感觉。地里工作的农夫,是我设置的一个小小的思辨训练点。农夫的工作,显然与休闲赏雨不同,但他们同样在享受春雨的恩赐,在大好春光里,为期望的好年景做着打算。

课 评

搭建思维阶梯,走向物我交融

——评曹静老师《跟〈春〉学美感之物我交融》

钟宪涛

在文学作品创作中,作者往往将自己的情感寄寓于物,使物(景)与情交融在一起。作者以情看物,物有情态;以物载情,物有情语。最后作品呈现的是"物(作品)我(作者)交融"的精神结晶。

在阅读过程中,读者结合自己的阅读体验与人生阅历,通过对作品的"解压",去感受作者涌动的情思,捕捉其闪光思想。而这个过程的成败取决于读者能否与作品融为一体,实现"物(作品)我(读者)交融"。

在教学活动中,教师成了读者与作品之间产生联系的媒介。教师讲课就是帮助作者寻找心灵的知音,引导学生打开通向作品纵深处的大门。最终让读者与作品、作者产生共鸣,实现阅读价值最大化。

可见,搭建读者与作品之间思维的桥梁是阅读教学的重点难点。曹静老师的这堂课例在这方面给我们做了很好的示范。

一、情景代入法

情景代入法,就是学生模拟作品角色,借助个人的人生体验以及想象联想,最终走入文本的阅读方法。这种方法能直观、快捷地搭建起读者与作品之间的桥梁,加深读者对文本的理解。

如在讲"春草图"时,曹静老师采用情景代入法,让学生模拟一棵小草,去感受"钻"字的妙处;通过模拟一位踏青的孩子,学生身临其境地感受到经过一个冬天的禁锢,人们来到春野时的欢快喜悦。

情景代入法,使学生在最短的课堂时间里实现了"穿越",融入作品,去感受作者欢快的心跳。这种方法比较适合阅读那些接近或略高于学生生活经验的作品。

二、抽丝剥茧法

在阅读中,读者不仅要能感受作品的"心跳",还要能理性地数清作者的"心率"。抽丝剥茧,层层分析,最终曲径通幽,别有洞天。

如在"春风图"中,曹静老师抓住"成天"和"嘹亮"两个词,通过一层一层地分析,一点一点地渗透,引导学生与作者同呼吸,去感受"牧童""鸟"

"土地""花草"的快乐,最终分享文字背后作者的快乐。

在这一教学环节中,学生一直处于探索求知的兴奋状态,他们的兴趣被点燃,他们的求知欲达到顶点,课堂效率自然大大提高。

三、设疑分析法

如果说情景代入法侧重于感性的阅读理解,那么设疑分析法就适合于科学理性的阅读。设疑分析法要求教师深入研读文本,善于从无疑处设疑、释疑、解疑。

在讲"春雨图"时,曹静老师于无疑处设疑,一句"农夫也在享受春雨吗",一石激起千层浪。在同学们的思辨中,曹静老师引导学生去感受农田虽然没有"小路上,石桥边"的诗意和远方,但这里承载了他们一年的希望,点燃这希望之光的正是绵绵春雨。"一年之计在于春",农夫正在享受春雨的恩赐,播种下他们对未来的美好愿景。

在文本解读分析中,学生逐渐发现,寻求解决疑难的路径只有一条,那就是走入文本。设疑分析法不仅能实现读者与文本深度融合,而且会引发学生深度思考,促进学生思维发展。

"物我交融"是我们深入作品内核,理解分析作品的重要方法。当然,我们还需警惕"只缘身在此山中"。要想全面客观地把握作品,既要深入作品,又要跳出作品看作品,才能"不畏浮云遮望眼"。这在后面的课例中,曹静老师会有详尽论述,在此就不赘述了。

(钟宪涛,青岛市市北区初中语文名师工作室主持人,第四期齐鲁名师工程人选,青岛市学科带头人,青岛市教学能手。)

跟《伤仲永》学蓄势陡转

教　材	人教版(旧版)七年级下册、部编版七年级上册
篇　目	《伤仲永》《赫尔墨斯和雕像者》
写作知识	学习蓄势陡转的技巧

教师解读

　　读仲永的故事,让我首先想到《世说新语》里那两个"神童":谢道韫和陈元方。谢道韫小小年纪,吟出"未若柳絮因风起",博得她叔叔谢太傅"大笑乐",笑中有欣赏,笑中有鼓励。陈元方七岁,一句"日中不至,则是无信;对子骂父,则是无礼",驳得友人哑口无言,不好意思地"下车引之"。

　　那方仲永呢? 也不逊色。作者用了很多笔墨描绘这个神童。

　　直接描写的句子如"忽啼求之""并自为其名""即书诗四句""指物作诗立就",其中的"忽""并""即""立"这几个字把仲永之"神"勾画得栩栩如生,令人刮目相看。当然不能忘记开头那句"世隶耕",压着阵脚,默默地为神童之"神"做着对比。

　　侧面描写也如涟漪一圈一圈地荡漾开去。先是"父异焉",进而"一乡秀才"观之,最后扩大为"邑人奇之",再加上其父天天带着他"环谒于邑人",以至于连出门在外的"王子"也听说了,回老家时还急着要亲见神童一面。

　　文章"蓄势"已足,只待"陡转"。

按照常理,接下来的故事,应该是仲永在"王子"面前展示才华,为"王子"所赏识,也许还会点拨提领,把仲永培养成青年才俊。可是,故事却发生陡转,起了波澜。"于舅家见之,令作诗,不能称前时之闻",一句带过,没有细讲,全没有描写"神童"时的热情。后来"复到舅家问焉",是"王子"还存着希望,当然也是每个读者心存希望,然而"泯然众人矣"的回答,让希望彻底破灭,故事画上了句号。

回想整篇文章,作者详写"神童"之"神",是在用心铺垫,好比把仲永一步步地推到了山顶,岂知等待他的是悬崖,当然作者也没有让"神童"直直地摔下去,而是还横出一根"于舅家见之,令作诗,不能称前时之闻"的树枝挡了一下,最后树枝不能负重,断掉,"神童"最终"泯然众人矣"。

这种写法名为"蓄势陡转"。"蓄势",指作者通过对人物的肖像、动作、心理、语言或者事情、环境、景物等作多方面的叙写铺陈,层层铺垫,推动情节发展的写作技法。"陡转"指在读者产生期待、设想后,笔锋突然来一个巨大的转折,给出一个出人意料的结果。

其实,这种写法在其他课文里也遇见过。如《赫尔墨斯和雕像者》,在摸清了宙斯和赫拉在人们心中的位置后,赫尔墨斯终于将自己隆重推出,极为自得地问道:"这个值多少钱?"这里的铺垫已经达到极致。此时的赫尔墨斯自信地认为自己会得到一个满意的答复。赫尔墨斯的这个追问也把读者的胃口吊得高高的,究竟这位商人的庇护神在人间商人的心目中是怎样的位置呢?答案呼之欲出!然而,就在我们和赫尔墨斯一样期待着商人"意料之中"的答案时,雕像者却出人意料地回答说:"假如你买了那两个,这个算饶头,白送。"这样一个"不被重视"的结果是赫尔墨斯做梦都没想到的。故事戛然而止,留给读者的是无限的思考和想象,料想赫尔墨斯应该是满脸羞愧,无言以对吧!

"蓄势陡转"也并非只有急转直下,有时也可绝处逢生。如《走一步,再走一步》,男孩本来有病,犹豫不决,后来还是跟着同伴们爬上去了,可是蹲在石架上,心惊肉跳,尽量往里靠。同伴们边嘲笑边纷纷离去,暮色苍茫,天上出现星星,悬崖下面的大地越来越暗。在一片寂静中,男孩只能伏在岩石上,恐惧和疲乏使他全身麻木,不能动弹。读到这里,大家会禁不住为男孩担心,也许得等到明天,男孩才会被发现,夜里会不会有野兽来袭击他,即使被救下来,男孩也许会因过度惊吓而大病一场,本来他的身体就虚弱得很。当男孩的恐惧和读者的担忧同时达到顶峰时,父亲在杰利的带领下来到这里,温和而智慧的父亲,让男孩逐渐克服恐惧心理,最终走下悬崖。

无论是急转直下,还是绝处逢生,不可否认的是这种"蓄势陡转"的方法,给文章增添了波澜,使文章跌宕有致,趣味横生。

那么,同学们在作文中如何运用"蓄势陡转"的写法呢?

一是蓄势要充分。不妨一蓄再蓄,直到悬念强化了,读者急切期待的心情达到顶点,再来个陡转。这就如同高空泻下的瀑布,只有经过足够的积累,水流才有气势。《伤仲永》一文,有对仲永非凡天资浓墨重彩的正面描写,又加上"父异焉""一乡秀才观之""邑人奇之""稍稍宾客其父""余闻之也久"的侧面描写,一步步把事情推向高潮。

二是陡转的结局既要在意料之外,又要在情理之中。如果结局一看便知,那就失去了吸引力;如果结局不合情理,那又会变成胡编乱造。方仲永的悲剧命运,文章的第一句"世隶耕"已经做了暗示,为下文父亲的"不使学"做好了铺垫,最终的"泯然众人矣"就在情理之中了。

我们经常说,"文似看山不喜平"。有的同学写记叙文时,往往只注意叙事条理、线索结构清晰,自然缺乏点情趣,少了点波澜,就不能算作好文章。在写人记事时,不妨尝试一下"蓄势陡转"法,用心琢磨,这样文章便会如飞瀑一样跌宕奔腾,气势横生,更有艺术感染力。

📖 文题展示

也许你只是一滴雨露,但你怎能忘记自己滋润的一棵干枯小草快慰的欢笑？也许你只是一抹阳光，但你怎能忘记你拨开阴霾天空时人们眼中希冀的眼神？生活是一首乐曲，如果没有你我敲击的或高昂或低沉的音符，又如何能奏出优美的旋律？

请以"我也是生活的主角"为题目，写一篇作文，字数不少于600字。

习作示例

我也是生活的主角

陈皓轩

"没有我的衬托，花朵会孤独；没有我的点缀，天空会单调。每一个人都站在一个舞台上，每一个人都会站在最中央，然后，用一个穿透一切的声音呐喊'我也是生活的主角'！"

大家是不是感觉我朗读的这段话句子很完美？是不是觉得很有想象力？是不是觉得富有感情？哈哈！这根本不是我写的。了解我的人应该都知道，我写不出来这样的句子。如果能写出来，那么只有一条路——"抄"！刚才朗读的句子是我作文里的第一段，今天老师组织同学们在小组里互评作文，这篇作文被我们组的两位"法官大人"发现，涉嫌"抄袭罪"，该作文被判无期徒刑。

小组里互评作文倒还没什么，更要命的是，老师还要大家在班里读读小组内的同学给自己写的评语。我急得不知怎么办才好，正想着，突然听见老师叫我的名字，我故作镇静地站了起来，其实早就已经满头大汗。可我又不想表现出紧张，所以我只能呵呵地傻笑。在我读班长给我的评语时，班里同学很兴奋，大家议论纷纷，天赐良机！我正好借这个机会读完它，可是偏偏在这个节骨眼上，老师喊了一句："安静！"这声音虽然没有什么特别之处，但在我心里却像一把巨锤和一把利刃,割一下,锤一下,再撒点盐,痛啊! 因为这是我最不想读的一段话,也是最伤人的一段。

班长给我的评价是这样写的:"语句优美,但不在你的个人能力范围之内。"当我读完这一段时,全班响起了雷鸣般的、嘲讽似的笑声,我瞬间觉得自己就像诸葛亮草船借箭里的草人一样,嘲笑声像利箭一样射在我身上,我顿时有一种想钻地洞的感觉。

下课了,大家聚拢过来,做着各种手势和鬼脸,之后就一哄而散地出了教室,只有我呆坐在那里。

我想了又想,终于决定再向老师要一张作文纸,重写一篇作文。

因为我想明白了,我不是一个只会一味抄袭的人,我要证明给他们看,我也是生活的主角!

【曹老师点评】

文似看山不喜平。文章开头巧设悬念。一个貌似优美的开头,居然是抄的,这立刻引起了读者的兴趣。随着叙事的展开,课堂上朗读同学评价时,再起波澜,老师那句"安静",更是把"我"推向了尴尬的边缘。

内心独白曲折有致。从"哈哈"里读出漫不经心,而从"故作镇静""满头大汗""呵呵地傻笑"已经能读出"我"的紧张和不安。小作者还善于运用生动的比喻,用"一把巨锤和一把利刃,割一下,锤一下"写出了自己心灵的触动,为最后真正认识到错误,感觉如"诸葛亮草船借箭里的草人一样,一声声笑像利箭一样射在我身上"做了很好的铺垫。

结尾翻出新意。这次评改的作文题目就是"我也是生活的主角",当评改结束后,小作者幡然悔悟,重写作文,结尾翻出新意,给人新颖生动之感。

我也是生活的主角

孝惠爽

每个人身上不一定都有闪光点,但我始终坚信:我就是我,不一样的烟火! 即使我做得不够好,我也是生活的主角。

终于等到了期待已久的星期一,略微梳理了一下头发,就大步向升旗台走去。鲜艳的五星红旗在旗杆上飘扬着,时间好快,轮到我演讲了……

记得几天前,班主任把我叫出教室,让我周末写份稿子,并好好练习。这使我倍感荣幸,又倍感压力,这样抛头露面的事情,我是真的从未尝试过。

周日的晚上,我反复练习着,直到嗓子都快冒烟儿了,手里那份稿子也快让我捏碎了。

我不由得抬起头,望向窗外,那轮明月,它周围布满繁星,可它却与众不同,是夜空中最亮、最大的一个。我能否成为那夜空中最亮的一个,可我身上没有亮点,又如何出众? 耳边响起晚饭时候老爸说的一句话,"相信自己,你把自己当成目标,你就是目标;你把自己当成主角,你就是主角"。

一阵凉风吹过,我回过神来。奶奶说周一有冷空气袭来,可为了这次演讲,为了保持形象,我还是倔强地没穿厚衣服。当我迈向台阶的那一刻,我后悔不已,比我想象的冷得多,站在升旗台上,真正体会到了所谓的"海拔越高,气温越冷呐!"

我挺立在这刺骨的寒风中,深吸了几口气说:"今天我演讲的题目是'遵守课间礼仪,做文明中学生'……"一阵阵寒气向我袭来,不禁打了几个寒战,鼻孔也仿佛被它堵住,大气也不敢喘,再看看我那双可怜的手,冻得"白里透红,红里透紫"啊,脸都冻僵了。

寒风凛冽,我眼睛的余光不由得望向台下。世界仿佛静止了,很安静,安静得让我有些畏怯,但这一刻又仿佛是为我停留,让我感受站在台上独有的感觉。冬日的阳光从云边漏出一些金色,仿佛在一瞬间照亮了我的眼睛。此时,我心中荡漾着成就感,感觉也没那么冷了,满满的自信,继续朗读手中的演讲稿。

我阅读完毕后,归到队伍中,而有的同学说我声音很小,听不清楚我讲的是什么,可是这又有什么关系呢,我只想说我已经尽力了。

茫茫人海中,我或许很不起眼。我们活在浩瀚的宇宙里,漫天飘洒的宇宙尘埃和星河光尘,我们是比这些还要渺小的存在。可是这一次的演讲,让我相信:我也可以成为生活的主角。

【曹老师点评】

本文采用插叙手法,以参加升旗仪式为主线,从自己上台演讲写起,插叙了从班主任那里接受任务,周末反复练习等几件小事,尤其是父亲对自己的鼓励,被安排在插叙的结束部分,为下文"我"的转变,做好了铺垫。另外,文章开头引用歌词,结尾引用《小时代》的话,首尾呼应,简练切题。

文中的心理描写特别好,如刚刚接受任务时的荣幸和压力,反复练习时的踌躇不自信,感受真实,特别是演讲时的紧张不安,演讲结束后满满的自信,都描写得细腻生动。点点滴滴,展现了"我"的心灵成长。

文中几处景物描写,如"一阵阵寒气向我袭来,不禁打了几个寒战","冬日的阳光从云边漏出一些金色,仿佛在一瞬间照亮了我的眼睛",渲染了气氛,衬托出人物的心情,突出了"我也是生活的主角"的主题。

A 课　评

蓄其势，转其意，畅其神
——评曹静老师《跟〈伤仲永〉学蓄势陡转》

魏志强

　　清代文学家袁枚在《随园诗话》中说："文似看山不喜平。若如井田方石，有何可观？惟壑谷幽深，峰峦起伏，乃令游者赏心悦目。或绝崖飞瀑，动魄惊心。山水既然，文章正尔。"这就是说写文章要讲求平地起峰峦，尺水兴惊波，这样的文章才耐看，有嚼头，有吸引力。行文若似无浪平湖，一马平川，读起来就会索然寡味，没有一点意趣。如果说，山之妙在峰回路转，水之妙在风起波生，那么，行文之妙则在于起伏曲折，跌宕多姿。如何才能实现这一点呢？曹静老师的这节课告诉我们要学习一点"蓄势和陡转"的写作技巧。

　　据我个人经验而言，"蓄势与陡转"这一写作技法，教师讲解起来并不容易，而学生实践起来更是困难重重。但研读了曹静老师的课例之后，特别是读了两篇学生的习作之后，我觉得曹静老师的课达到了极佳的教学效果。仔细思考之后，我觉得我应该在以下方面向曹静老师学习。

一、蓄范文与经验

　　在实际的教学中，我们不难发现学生的作文大都存在着内容空洞、感情虚假、技法幼稚等问题。特别是记叙文写作，一般存在缺少生活经历，缺乏真实的情感体验，缺少具体生动的描写等问题。而且，我们的教师往往对写作缺少必要的指导，抑或想要去指导，却没有方法，没有技巧。曹静老师显然发现了这一问题，她大胆地向课文进军，积极倡导向课文学习写作。

课文大多是文质兼美的文章,具有典范性和引领性。课文在素材的选择、语言的锤炼、技巧的运用等方面都为学生提供了非常好的范例。并且,经典的课文大多数是我们老师精心讲授过的,学生在阅读的基础上走向写作技巧的寻找和学习,大大减轻了难度。

通过单篇课文的学习或者引领,掌握某一写作技巧是有难度的;而围绕同一训练点呈现多篇课文,从多篇文章中学习,无疑增加了学习的广度和深度。围绕"蓄势与陡转"这一训练点,曹静老师准备了《伤仲永》《赫尔墨斯和雕像者》《走一步再走一步》三篇范文。这三篇范文囊括古今,涵盖中外,有散文,有寓言,形式丰富,为学生提供了极佳的验证材料和仿写案例。

在呈现《伤仲永》之前,曹静老师先以《咏雪》和《陈太丘与友期》中的谢道韫与陈元方引出"神童"这一话题,从而关注到另一位神童——方仲永。然而,王安石所见到的方仲永却已"泯然众人矣"。这部分本身就是"蓄势与陡转"的一个绝佳案例,曹静老师将教学化于无形之中,可谓巧妙。

此外,课文往往与学生生活存在着紧密的联系,便于引导调动自己的生活经验,将眼光投入生活之中。这样,学生在写作时就能比较容易地找到素材。仔细思考《走一步再走一步》《伤仲永》《赫尔墨斯和雕像者》这三篇文章包含了家庭、同学、社会三个方面,可以引导学生从这三点辐射出去,结合自己的生活经验寻找适合自己的写作素材。

二、蓄知识和方法

写作教学有侧重于技法训练的,有侧重于动机技法的。曹静老师的这节课显然属于前者。在结合《伤仲永》一文的分析之后,曹静老师呈现出"蓄势陡转"的概念,使学生对这一写作技法有了比较直观且准确的认识,有利于后面写作训练的开展。在具体的方法指导上,指出"蓄势"需充分。而如何充分?曹静老师也给予学生明确的答案:首先,可以将浓墨重彩的正面描写与"旁敲侧击"的侧面描写结合在一起;其次,还可以通过层层铺垫的方法,形成"山雨欲来风满楼"之势。"陡转"也可以分为两种,即"急转直下"与"绝处逢生",并强调这两种方法必须遵循"意料之外,情理之中"的原则。以上具体、有效的知识引领和方法指导使学生的写作有规可依、有章可循,避免了很多的弯路。

学生掌握写作知识和技能的途径无非两种:一种为学生被动地接受,一种为学生主动地习得。两种方法在激发学生学习兴趣和学习效果方面有着天壤之别。曹静老师注重学生自主习得,她引领学生从《伤仲永》入手,引导学生从中归结概念,感悟写法。又向经典寓言《赫尔墨斯和雕像者》钻研,使思维向前《走一步,再走一步》,最终对"蓄势与陡转"这一写作技法有了全面而深刻的认识,从而为下一步的写作练习奠定坚实的理论基础。

好的写作课,既要注重知识技法的引领,又要注重实际的写作训练。从曹静老师呈现的两篇例文来看,曹静老师很好地做到了"指导"与"训练"并重。曹静老师以课文为范文,引领学生由读到悟,由悟到写,实现了从知识技能到实践应用的有效过渡,真正提升了学生的写作水平。

曹静老师这节作文课正如其训练点一样,充分"蓄势","陡然"转意,学生易于把握课的"神韵"。这样的课便如飞瀑一般跌宕奔腾,气势横生,极富感染力。

(魏志强,王君青春语文工作室成员,任教于山东省济南市章丘区辛锐中学。济南市优秀教师,章丘区优秀教师、师德标兵、教学能手。)

跟《阿长与〈山海经〉》学详略得当

教　材	部编版教材七年级下册
篇　目	《阿长与〈山海经〉》《背影》
写作知识	围绕中心,安排详略

教师解读

写作文要注意详略得当。详写,就是对能突出中心的事件或环节进行具体的描写和叙述。略写,就是对次要的、与中心有关但联系不是特别紧密的内容,进行概括式描述。

如何安排内容的详略?《阿长与〈山海经〉》《背影》给我们做了很好的示范。

一、详写与略写,缺一不可

《阿长与〈山海经〉》一文,写了阿长名字的由来,喜欢切切察察,摆成"大"字的睡相,元旦的古怪仪式,讲"长毛"的故事,谋死"我"的隐鼠,阿长为"我"买来《山海经》等事情。

这么多事情摆在面前,我们往往手足无措,而"迅哥"却把它们安排得井井有条。他把阿长那些不让人佩服的、不让人顺心的事儿放在前面,把阿长那些令人佩服的事儿放在后面。这样看起来,就是先写阿长的"不好"，再赞美她的"好"。"不好"的事情，都是略写的，而赞美阿长的事，是详写的。

详写与略写，缺一不可。如果没有略写那些小事，那么详写阿长为"我"买《山海经》的事情就成了光杆司令，孤零零地立在那里。如果不写买《山海经》这件事，那么略写的事情里，最辉煌的就属"长毛"的故事了，然而这个故事，我们一眼就能看出故事的可笑之处，估计只有三岁小孩才会佩服她吧。那么，阿长在文章里就真的乏善可陈了。

二、略写为详写，铺垫映衬

《背影》除了写父亲为"我"买橘子时的背影，还写了奔丧、失业、典卖、借钱、谋差等几件事。

如果文章一开始就写父亲为"我"买橘子，我们怎么会感动？只有联系前面叙述的那几件事细细想来，才能体会出父亲在奔丧、失业、借钱、谋差的光景，心里也会落泪。然而，父亲安慰儿子"不必难过，好在天无绝人之路"，并执意给儿子买回朱红的橘子，是为了温暖儿子那颗年轻的心。由此可见，略写的事情对主要内容做了必要的铺垫。

另外，文章隐含的情感线索，也是靠略写的内容一点一点地铺垫出来的。文中写了四次流泪，分别是心酸的泪、感动的泪、离别的泪和思念的泪。在写儿子被父亲买橘子的背影感动之前，作者毫不留情地批评了自己的"聪明"。儿子年少无知，把父亲的谆谆教导、殷殷关爱，看作不合时宜的"迂"，这与后文的感动形成了鲜明的对比。

生活中的点滴小事，要想把它们艺术性地呈现给读者，表达出你的真实情感，就要在内容的安排上独具匠心。详写使文章主题突出，略写则使内容完整、全面。

你们班是否有这样的"牛人"呢？他们或者知识面广，口才超强；或者公平正直，令人信服；或者是体育健将；或者是乐器高手……请以"晒晒我们班的'牛人'"为题，写一篇记叙文。不少于600字。

晒晒我们班的"牛人"

董文颖

我们班有一位牛人，她的知识面不算广，口才也不强；她不是体育健将，更不是乐器高手。那她会是谁呢？

冬天来了，我不得不穿上一件厚外套，把自己裹得严严实实的。可上课做笔记时，穿着这厚重的外套，又略显笨拙。我只好脱下衣服来。看着自己满满的桌洞，放哪呢？

我问后位同学："能不能把我的衣服放在你的桌洞里？"后位同学摇了摇头。其实我也能理解，人人都想在桌洞里放些书什么的，以便再拿出来时方便。人人都想在桌洞里放自己的衣服，要是再塞上件衣服，满满当当的，看着也怪别扭。

正在尴尬之际，突然有人悄悄对我说："董文颖，你把衣服放在我这儿吧，我这里有空。"

我闻声看去，她正一边说一边用手招呼我把衣服拿过去。她这个动作有些滑稽，我却笑不出来，有的只是感动。

别人都不想做的事，她却抢着做，可真牛啊！

有一次上环境安全教育课。老师讲完了课，还剩下许多时间，同学们都在刷刷地写政治课作业。我的政治课本,在上课前借给了别人,却忘记了自己也要写作业。我只好呆呆地望着环境安全教育课本,昏昏欲睡。

突然,她对我说:"董文颖,我用不着政治书了,你拿去吧。"我满血复活,接过政治书,开始写起了作业。

别人都不爱搭理的"闲事",她却时时刻刻关注着,一旦需要,就挺身而出。你们说她牛不牛。

在上体育课时,同学们跑步,不方便拿着跳绳和毽子,而她因为身体原因不能跑步,我们要转移"阵地"时,就把跳绳和毽子都塞给她。她却不介意,反而还乐呵呵的,似乎是巴不得呢。

别人都拒之千里的事,她却不在乎,真是太牛了!

这就是我们班的"牛人"。虽然她不比孝信生知识面广,不比刘元媛口才好,不比刘家烨擅长体育,更不比陶禹彤擅长乐器,但她有一颗善良、真诚、朴实的心。

她就是李浩莹。

【曹老师点评】

文章选材极为新颖。对于"牛人",我们通常认为不是体育健将,就是乐器高手,至少也得是个性张扬的同学。而董文颖所写的却是看起来极为普通的一位同学。这位同学看似平凡,却从一些小事中,折射出她那颗善良、真诚、朴实的心。

在材料的组织上,小作者也做了精心的安排。前两件事,帮小作者放衣服和借政治课本给小作者,写出了李浩莹的热心,所以详写。第三件事,写的是李浩莹帮同学们拿衣服,这样就由点到面地写出了李浩莹同学的善良、热情、真诚,这是她一直以来的优秀品质。

首尾呼应,结构严谨。开头设置悬念,引起读者兴趣。结尾处,呼应开头,提及班里拥有各项特长的"牛人",与李浩莹作对比,更加衬托出李浩莹的心灵之美,升华了主题。

晒晒我们班的"牛人"

丁佳盟

我们班有许多的牛人!路一凡能整天逗得我们合不拢嘴,李道乐在体育方面有天赋。但我最崇拜的是我们班的李君豪同学。

他有一张标准的国字脸,也是我们班最胖、最重、最丰满的人,而他的绰号却是"杰瑞"。这个绰号来自动画片《猫和老鼠》,里面有一只叫"杰瑞"的机灵瘦弱的小老鼠。我想大概是杰瑞太想变瘦了吧!对了,杰瑞还有一句口头禅:"我是一个灵活的胖子。"他也常常嚷嚷:"我要减肥,我要减肥!"

我相信上体育课对于杰瑞来说,犹如人间地狱一般!因为上体育课前要先跑两圈,跑步时队形要保持一致,不能掉队,不能太松散。我和杰瑞是并排着跑的,每次跑到一半时,杰瑞就开始大口大口地喘粗气。冬天还好,如果是夏天的话,杰瑞早就挥汗如雨了!

有一次上体育课时要跳绳,老师说不跳到100个不能停,在一阵抢跳绳的声音过后,大多数人都跳完了,只见杰瑞还在坚持着完成任务!

曾经有一段时间,一上体育课杰瑞就请假不来,我很为杰瑞担心,难道他要放弃减肥吗?有一天,我问杰瑞为什么不来上体育课,他说家里有事,并不是不想上体育课!我这才松了一口气!

印象最深的一次是上体育课练习做前滚翻,当大家得知这个消息后都并不很为难,但我看到杰瑞的脸上闪过一丝忧伤。我刚想上去安慰一下杰瑞,没想到他的脸上竟然露出了笑容,跃跃欲试!不一会就轮到他了,杰瑞小心翼翼地双手撑地,头朝后,想仰过去,但还是失败了。最后,杰瑞在老师的指导下又尝试了几次!

我说杰瑞牛并不是因为他有什么过人之处,而是因为他身上有一种信念,一种坚持不懈、勇往直前的精神!每当我看到杰瑞轻松地抹掉头上的汗水,奋力跑步前进时,我也不由得加快了脚步!

我相信有一天杰瑞会瘦成一道闪电!

【曹老师点评】

杰瑞是一个胖子,瘦成"闪电"是他的梦想,努力锻炼是他的必经之路。文中写了杰瑞体育锻炼的几件小事,跑圈、跳绳和前滚翻。这三件事,详略处理不同,跑圈和跳绳是略写的,只截取了特写镜头。两件事之后,还写了请假一事,为文章增添了小小的波澜。体育课上练习前滚翻,是"我"印象最深的一次,所以过程写得较为完整,神态、动作描写也很细致。三件事都是围绕着表现杰瑞坚持不懈、勇往直前的精神来安排的,详略得当。结尾处"我相信有一天杰瑞会瘦成一道闪电",语言幽默,同时也照应了开头。

晒晒我们班的"牛人"

杨莹莹

能担当起"牛"这个字的人,给人的第一印象应该是多才多艺,或是体育健将之类的。可她没有多少才,也没有多少艺,更不是体育健将,仍可以挑起"牛人"这个重担。这是为什么呢?暂时还是个秘密。

她是我见过的去老师办公室最"勤"的。她每个星期都要去问三四次问题。在这册课本找不到问题问了,就在之前的书上找问题。总之,她总是闲不下来。

就这样,一直自称"记忆力不好"的她,轻轻松松考到了全班第一。

只靠"好问"这一点，她就已经在"牛"上扎根了。

但她能够当上我们班的"牛人"，还不只靠这一点。

有一次，老师让几个人修改作文，我们都发了愁：该从何下手改？

我想让她给我提提意见，该怎么改。她却一口回绝了我，要我自己动脑筋思考。

无奈，失去了学霸帮助的我，只好自己闷着头想。时针慢慢指向了十一点，外面的路灯孤寂地立在路边，车子驶过发出的噪声也愈发清晰。

家家户户都渐次熄灯了，只有我们家的灯还开着。屋里孤寂的台灯，衬得窗外的天空黑得令人发指。我苦笑：都这个时间了，还有谁没睡吗？

忽然，QQ 的消息框闪烁了一下，我一惊：还有谁会给我发消息？而这个头像，好像是她！

我轻轻点开，定睛一看：果然是她！可她之前不都是很早就去睡觉了吗？就算是作业多，也会写完马上去睡的！今天怎么还在线上，不去睡觉呢？

"改完了吗？"

"没，你今天怎么这么晚还没睡觉？"我诧异地问。

"快点改，"她没有回答我的问题，"我还等着你对我说'晚安'呢！快去改，别再拖拉了！"

我一惊：她竟然还要等我改完？她又不是不知道，我的特长就是拖拉。

我可不想因为我的关系，缩短了她的睡眠时间！于是也不顾濒临"死亡"的脑细胞，硬生生理出平常要花很长时间才能想到的思路，飞一般地打了出来。

我再次打开对话框,见她仍在线,便轻轻将"晚安"发了出去。

她也给我回了一句"晚安",之后就下线了,想来是真的困了。

这就是我们班的"牛人",一个重情义、勤学好问的学霸"牛人"——谢萌。

【曹老师点评】

文章刻画了一个重情义、勤学好问的学霸"牛人"谢萌。这三点,小作者先是以"她是我见过的去老师办公室最'勤'的"一句,写出了同学勤学好问的优点,那么"轻轻松松考到了全班第一"成为学霸,就是顺理成章的事了。学习好,可以称作"牛人",但是止步于此,就立意尚浅了。小作者接下来用了 500 字左右的篇幅,详写了同学鼓励自己独立思考、坚持不懈地修改作文一事,突出了同学重情义的美德。从全文来看,前文略写勤学好问,是为了突出后文的重情重义。其中一开始回绝了我"提提意见"的请求,更是欲扬先抑,为后文坚持着不睡,鼓励"我"改完作文做铺垫。文章详写、略写俱备,略写部分为详写部分做了很好的铺垫与映衬。

课 评

红花还需绿叶衬
——评曹静老师《跟〈阿长与山海经〉学详略得当》

王俊芳

叶圣陶先生说过:"语文教材无非是个例子,凭这个例子要使学生能够举一反三,练成阅读和作文的熟练技能。"入选中学语文教材的课文都是文质兼美、富有文化内涵和时代精神的文章,几乎都可以当成学生写作的典范。

曹静老师的这堂习作指导课立足于教材,在吃透教材的基础上,通过阅读、理解课文使学生获取相应的知识和观点,让学生模仿优秀课文的写法进行写作,琢磨并领悟作文的真谛,很好地落实了新课标中"要重视写作教学与阅读教学、口语交际教学之间的联系,善于将读与写、说与写有机结合,相互促进"的具体要求。

一、教给方法,重视迁移指导

读与写有着天然的血脉相连关系,在阅读教学中落实写作指导是提高语文教学效率的常规做法。曹静老师深谙此道,她将写作指导贯穿于整个阅读教学过程中。在这堂课的教学中,曹静老师充分理解教材,把握教材,让学生联系已学课文《阿长与〈山海经〉》和《背影》,跟《阿长与〈山海经〉》学习"详写与略写,缺一不可",跟《背影》学习"略写为详写,铺垫映衬"。

两篇写人叙事的经典,都是围绕中心成功选材的经典案例,让学生再次回顾,探究体味"详略结合的表达效果",最终水到渠成地带着学生一起总结归纳写法规律"详略得当,就是为表现和突出文章中心而服务"。

这样的迁移式教学,能充分利用教材这个形象直观的例子,让学生潜心阅读教材,用好教材这个例子,并由一篇篇具体的典范之作归纳、总结出带有规律性的写作知识,再提供贴切的题目让学生借鉴迁移,练习写作,巩固课文中学到的方法,为写好作文提供了一条捷径。

二、指导观察,鼓励真情表达

《义务教育语文课程标准(2018年版)》提出:"写作教学应贴近学生实际,让学生易于动笔,乐于表达,应引导学生关注现实,热爱生活,积极向上,表达真情实感。"在完成了阅读教学引导学生总结详略得当安排素材的写法后,曹静老师及时布置了写作练习,要求学生以"晒晒我们班的'牛人'"为题,写一篇记叙文。

这样的选题，不仅非常适时地训练了学生从课文中学到的人物描写方法，更能让学生们从身边人、身边事入手，真正有话可写，有感而发。引导学生从生活中发掘素材，捕捉生活中的动人情景，积累丰富的生活素材，让学生懂得作文就是用笔描绘生活，引导学生勇于体验生活，在生活中去发现、去探究。真实的情感最能打动人心，真实的感受是学生写作的第一手材料，这样的作文题既丰富了学生的内心体验，又提高了学生的认知水平，能使学生把自己的想象力和创造力尽情地释放出来。

在学生有话可写的基础上，针对此次"叙事要详略得当"的教学，曹静老师指导学生要想将生活中的点滴小事艺术地呈现给读者，内容的安排上就要详略得当、独具匠心，进一步巩固了从课文中学到的详略安排方法。

三、巧作点评，重视思维训练

详略得当就是为了突出文章的中心，这是对学生思维能力的考验。本课中曹静老师对两篇经典课文的分析很好地锻炼了学生的思维能力。曹静老师这样引导学生："这么多事情摆在面前，我们往往手足无措，而'迅哥'却把它们安排得井井有条。他把阿长那些不让人佩服的、不让人顺心的事儿放在前面，把阿长令人佩服的那些事儿放在后面。这样看起来，就是先写阿长的'不好'，再赞美她的'好'。'不好'的事情，都是略写的，赞美阿长的事，是详写的。"

通过对事情的安排，再进而分析事情的性质，是好还是坏，然后引出阿长的好与坏，通过好与坏引出赞美和批评，最后推断哪些事是详写，哪些事是略写，一步一步，带着学生稳扎稳打，步步为营，不是直接告诉学生答案，而是像爬塔一样一层一层揭开了谜底，强调的不是结果，而是推理的过程。这一教学方法能很好地锻炼学生的思维能力，在锻炼学生思维能力的过程中，也告诉了他们详写和略写的重要性，比起漫无目的式的自由讨论，曹静老师这种带领学生探索的形式无疑更好地把握住了本堂课的重点。

　　曹静老师抓住了"批改讲评"这一作文教学中尤为重要的环节激励、引领、提升学生的写作能力。曹静老师对每一位学生的习作,都着眼于是否围绕中心详略得当地组织材料进行了长达百字的点评,从评价中进一步强化学生对详略得当的认识。同时,曹静老师的点评多用鼓励的话语,发掘学生作文中的闪光点、优点,提出表扬,让学生体会到成功的喜悦,进而激发学生的作文兴趣,鼓足他们乐于作文的勇气。可贵的是,曹静老师的点评语言生动优美,富含逻辑,层次分明,这对学生来说,也是一个很好的学习范例。

　　总之,曹静老师的这堂课通过对经典文本的回顾,引导学生学习并运用经典文本中的写作技巧,又在写作实践中用学生熟悉的话题打开写作思路、练习写法,最后师生点评展示,感受习作乐趣。课堂极具青春活力,每个教学环节的设置,都能紧紧围绕教学目标展开,结构圆满,效果极佳,让人受益匪浅。

　　(王俊芳,王君青春语文工作室成员,江苏省丹阳市华南实验学校教师。江苏省优质课评比一等奖获得者。)

跟《我的叔叔于勒》学习缩写

教　材	部编版教材九年级上册第四单元
篇　目	《我的叔叔于勒》《写作:学习缩写》
写作知识	一是字去意留,二是留干删枝, 三是自成一文,四是注意文体。

教学缘起

　　《写作:学习缩写》是部编版教材九年级上册第四单元的写作训练。通过缩写,学生可以提高把握文章要点、思路的能力,还能培养概括、综合能力。可是,原文与缩写文之间,需要一个支架,来帮助学生完成思维的提升。这个支架,我选择的是思维导图。针对本次训练内容——小说的缩写,我选择了流程图。情节的起伏变化,尽在学生掌握之中。

教学过程

一、阅读单元《写作:学习缩写》,绘制思维导图

　　师:今天我们来对《我的叔叔于勒》进行缩写练习,请大家先阅读《写作:学习缩写》,勾画要点,也画出思维导图。

学习缩写

一、什么是缩写?
中心不变
压缩篇幅

二、为什么要缩写?
1.提升把握要点、思路的能力
2.培养概括、综合能力

三、怎样缩写?
1.字去意留
2.留干删枝
3.自成一文
4.注意文体
叙事类:保留主要人物和主要情节
说明类:保留说明对象特征、说明顺序、解释性语句
议论类:保留论点、思路、论据(择要)

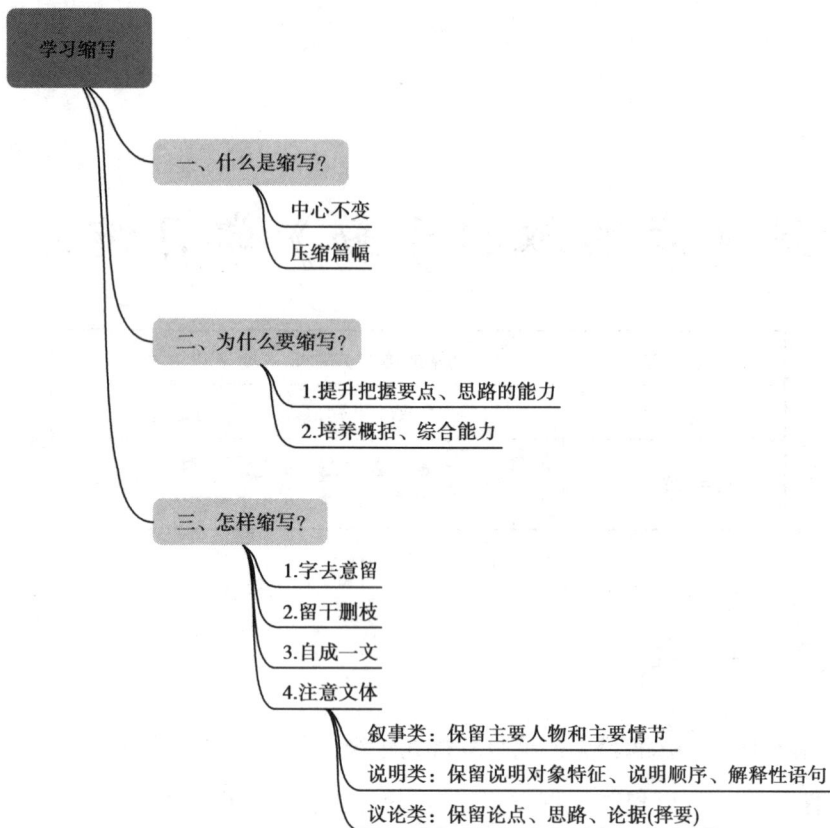

二、阅读"写作实践"部分,明确小说的缩写要求

师:我们了解了缩写的知识,关于如何缩写,我们了解到四点要求:一是字去意留,二是留干删枝,三是自成一文,四是注意文体。那么如何对小说这类叙事类文章进行缩写呢?

生:在写作实践里提出了具体的要求。提示有这样三点:一是抓住主要人物和主要情节列出缩写提纲;二是概括要准确,线索要清晰,结构要完整;三是语言要简练、通顺,且不需要做评论或补充解释。

三、阅读《我的叔叔于勒》,画出思维导图

师:请你以"于勒的故事"和"对于勒的称呼"为关键词,分别绘制思维导图。

【导图展示】

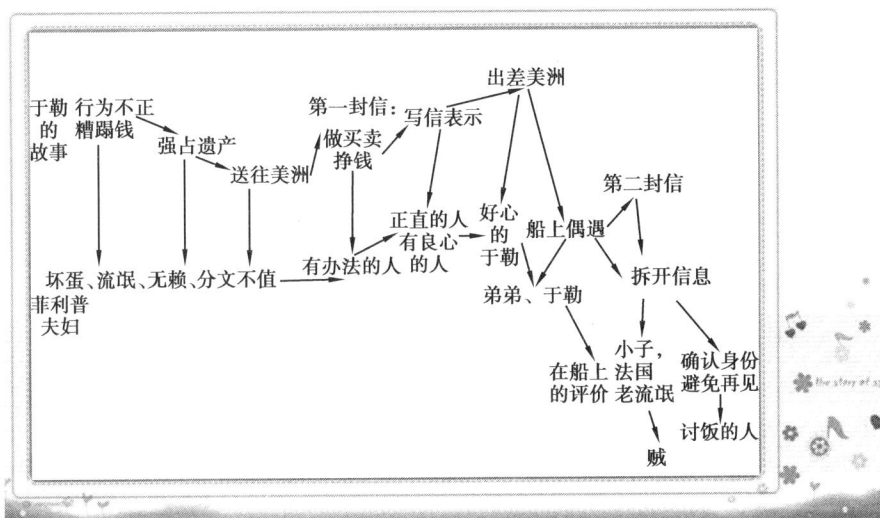

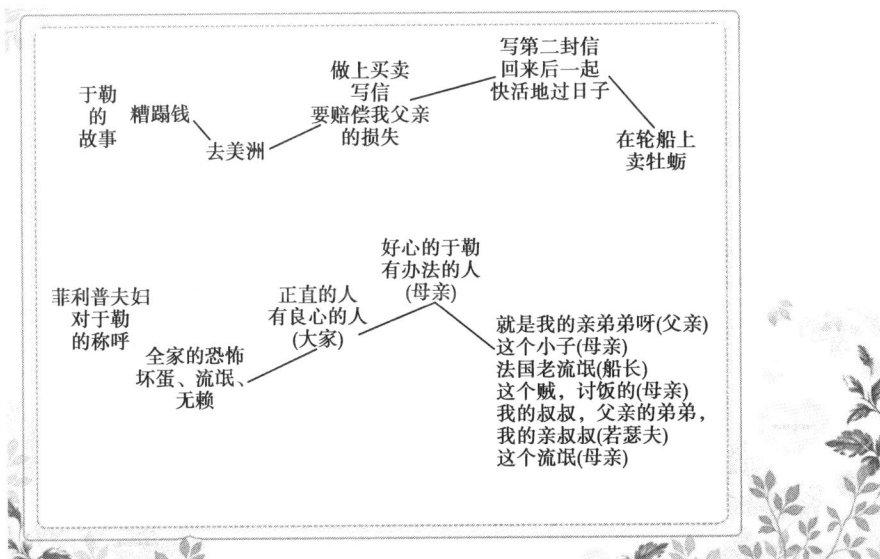

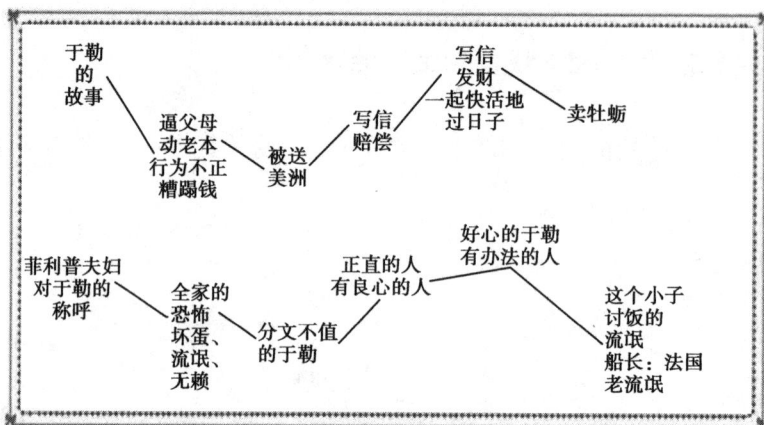

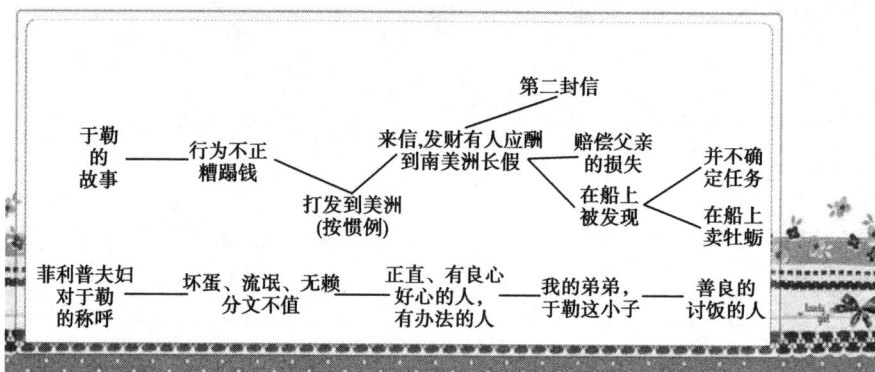

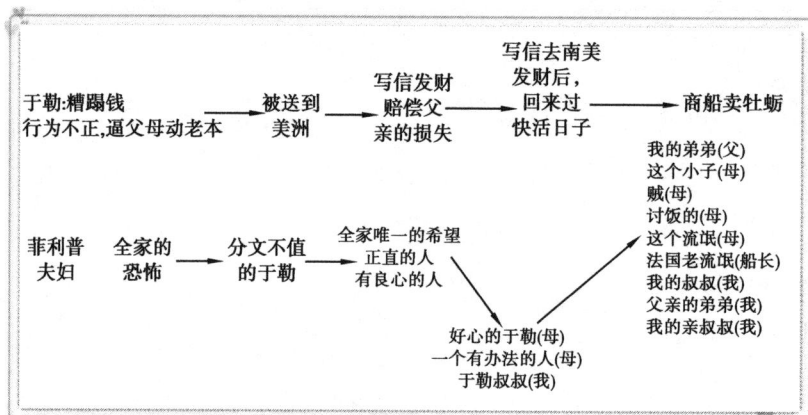

师：你观察这些导图，从中发现了什么？

生：我发现菲利普夫妇对于勒的称呼有很多变化，有时说他是正直的、有良心的人,有时骂他流氓、无赖。

生:我发现于勒是个经历丰富的人,最初他是个败家子,后来发了财还要赔偿菲利普夫妇的损失,好像良心发现了,后来他穷困潦倒,也不愿意拖累哥哥,不回来相认。他还是变得越老越好了。

师:大家再看看,这两个图有什么关联吗?

生:我发现菲利普夫妇对于勒的称呼的变化,是和于勒的经历起伏密切相关的。说他是好人的时候,是因为于勒有钱了,也懂得回报了;骂他的时候,是因为于勒穷困潦倒。

师:这篇小说的情节并不复杂,但错落有致,疏密相间,一张一弛,这是本文叙事手法上的精彩之处。

四、根据思维导图,对《我的叔叔于勒》进行缩写

师:刚才我们画出了《我的叔叔于勒》的思维导图,这可以算作列出了缩写提纲。请同学们根据导图和小说缩写要求,对课文进行缩写。

习作示例

《我的叔叔于勒》缩写

刘昊雨

我小时候家在勒阿弗尔,生活很拮据。我们全家都期盼着我的叔叔于勒回来。听说他当初行为不正、糟蹋钱,被打发去了美洲。他去了那儿,就做上了买卖。不久,写信说赚了点钱,希望赔偿我父亲的损失,大家都认为他变成了正直的人。两年后,又写信来说,他发了财就会回来和我们一起快活地过日子。这封信成了

我们家里的福音书，母亲常常说他可真是个有办法的人。当二姐举行婚礼后，我们登上轮船去游玩，父亲在船上遇见了一个卖牡蛎的水手，觉得他像于勒，就去向船长打听，发现他就是我的叔叔于勒，母亲就暴怒起来说："我就知道这个贼，不会有出息的。我们到那边去，别让他靠近我们！"后来，大家都不再说话，我们回来的时候改乘圣马洛船，以免再遇见他。

【曹老师点评】

小说的缩写，重点在于写清主要人物和主要情节。小作者根据思维导图，借助"小时候""不久""两年后"等表示时间的词语，以及家人对于勒的称呼的变化，梳理出了故事情节的脉络。文章表达简明通顺，写清了情节之间的关联。

《我的叔叔于勒》缩写

邵佳雨

我小的时候，住在勒阿弗尔，生活很拮据，家里样样都要节省。可每到星期日，我们一家都要衣冠整齐地到海边栈桥散步，父亲总要说他那句永不变更的话："如果于勒竟在这只船上，那会叫人多么惊喜啊。"我的叔叔于勒，现在是全家人唯一的希望，以前是全家的恐怖，他以前行为不正、糟蹋钱，被送上去纽约的商船，被送到美洲。不久后他来信说，自己在美洲赚了些钱，希望赔偿我父亲的损失，我们全家都很感动，两年后于勒又寄信说自己要去南美长期旅行，发了财就回来与我们快活地过日子。10年后，一个公务员应该是看了我叔叔的来信，而答应娶二姐，然后我们去了哲尔赛岛旅游。在船上，因为姐姐想吃牡蛎，父亲遇到了一个很像于勒叔叔的老水手，父亲和母亲都很慌张，父亲向船长一番打听后，发现那个老水手就是于勒叔叔。父亲让我结清了牡蛎的费用后，我给了他10个铜子当小费，我们回来的时候改乘圣马洛船，以免再遇到他。

【曹老师点评】

写好情节之间的关联，是小说缩写的关键。小作者借助文中对于勒的称呼，如"全家的恐怖""唯一的希望""正直的人""老水手"等，梳理出了主要情节。这些称呼之所以会有这么大的反差，是因为于勒的两封来信，推动了情节的发展。小作者把这两封信穿插在对小说的缩写中，写清了情节之间的关联，言简意赅，简明扼要。

课　评

吸收阅读精华　内化写作思路

——评曹静老师《写作：学习缩写》

张鹏

初中阶段的"缩写"训练应该指向两个目标：一是指向阅读，训练学生把握文章脉络，形成整体的阅读概念；二是指向写作，让学生学习经典作品的架构，并内化为一种写作思路。因此，缩写在语文教学中是非常有意义的，它的意义在于完成了从阅读到写作的过渡，并让学生直接从阅读中获得写作的经验。这种训练对学生而言，没有搜肠刮肚的素材之忧，也没有精心构思之苦，完全可以放下顾虑对经典作品进行重新创作，这也是缩写教学的优势所在。

一、抓住本质，巧设支架

就目前来说，对缩写进行探索并形成行之有效的教学方法并不多见。

那么缩写教学的指导要点在哪儿呢?《义务教育语文课程标准(2018年版)》中已经言简意赅地做出了明确要求,"能从文章中提取主要信息,进行缩写"。可见"提取主要信息"是缩写教学的前置教学阶段的主要内容,也是整个缩写教学的基本策略。曹静老师"学习缩写"作文课就抓住了本课教学的"牛鼻子",把"提取主要信息"的教学进行得有条不紊,也极富特色。该课使用了"思维导图"这一工具,抛出"于勒的故事"和"对于勒的称呼"两条线,让学生自己采撷文章中的"珍珠",串联在一起。"思维导图"在学科教学中屡见不鲜,但用在缩写教学中无疑是最称手的工具;只有工具而无方法,教学也无从谈起,两条线就是方法。称手的工具、有效的方法就搭建起了本堂课教学的基本支架,让学生在写作上更有方向。

二、溯源引流,水到渠成

曹静老师有效的教学支架在最大限度上为学生的专注阅读和写作争取了时间,最重要的是曹静老师长袖善舞,把两条线抛出之后并没有置之不理,让学生任意书写,她适时地点出两个问题:

"你观察这些导图,从中发现了什么?"

"大家再看看,这两个图有什么关联吗?"

学生的思考应答与教师的精彩讲解完美地将"两条线"串在一起,形成相互关联的网络,教师顺势总结小说构思之精妙。这实际上帮助学生把关键情节之间的关联梳理了出来,这对后期的缩写有重要的意义,无关联而只有梗概算不上缩写,也很难让读者获取作家创作的精华所在。可以说,这些东西是学生缩写的源头活水,在指导学生阅读内化原作精华的基础之上,才能让学生真正把缩写做到实处。再接下来,让学生开始写作,进行缩写就是水到渠成的事了。学生的创作结果证明,这一堂课是高效的,学生的缩写都能写出原作的主要信息,甚至优秀者尚能让人对原作的风采领略一二。这就证明,本课的教学是成功的。

此外,曹静老师用《写作:学习缩写》的文章来指导缩写,并根据文章画出思维导图,这既是一次阅读的训练,又让学生从中获取了缩写的基本要求和规范,可以说是"一箭双雕"的设计,提高了课堂教学效率。在整个教学流程上,该课层次清晰,脉络分明,层层深入,学生明晰自己的学习任务,也清楚地明白怎样完成这些任务。

总的来说,这是一堂讲究实效的常态课,没有过多的"花架子",有的是教师实在地教、学生实在地学。

点赞!

(张鹏,淄博市淄川区黉阳中学语文教师,山东省齐鲁名师建设工程人选。)

以《重返·狼群》为例，谈"学写观后感"

教　材	部编版教材八年级下册第三单元
篇　目	写作:学写读后感
写作知识	聚焦、转换、整合

教学缘起

这次《重返·狼群》观后感的写作，是一次基于影视活动的情境写作。

周子房在《功能性协作学习》中指出："电视、电影的优势是利用声音和色彩的变化以及各种特技、镜头剪接和蒙太奇手法，浓缩时空，虚拟现实，控制快慢变化，从而在受控的情况下更集中、更典型地表现各种事物的形态、运动和变化过程。电视和电影的这些特点，正是我们在写作教学中所希望得到的，这对优化教学内容，大幅度提高教学效果的效率有不可低估的作用。"据国外研究证明，"录像提供的事件更为逼真、真实。它使得所呈现给学生的材料更具有活动性、可视性和空间立体性。而且学生更易于在一个问题情境中形成丰富的心理模型。"

从现场观影效果来看，同学们心灵都受到了触动，我期待着一篇篇精彩的观后感交上来。

可是，结果并未如我所愿，交上来的观后感，多数只有"观"，而无"感"，或者"观"与"感"关联不大，油水分离。

教学过程

下面结合学生观后感的初稿和修改稿，来谈谈学写观后感的指导体会。

【第一稿】

有信仰，不畏惧

王帅杰

有信仰的人，一辈子都会受到爱戴，说真的，今天看了《重返·狼群》，我的感受深刻。

这部影片讲了一名叫李微漪的野生动物画家，去若尔盖草原写生时，收养了一只父母都被杀害的小狼，而她的一句话让我为之震撼："不管怎么样，先救活了再说。"是啊，如果换成你，你希望被收养还是遗弃？而她的一系列举动，也换来了狼的知恩图报。

从阻止她出门不被雨淋，到给他们藏食物的举动，他们结下了亲情的不解之缘。而最令我感动的是给她牵马的事。

在走冰面的时候，格林死活不让她过。它到底想干什么？"刺啦——"冰面裂开了，她的脚崴伤了。刚才还让它走开，现在想想真想收回刚才的话呀！脚崴了，怎么走？当她快要绝望的时候，格林看了她一眼，走了。这家伙难道想自己走？不可能！不一会儿，只见它吃力地牵着一匹马来到李微漪身边。她吃惊得不得了，认为这家伙太神了！格林努力地推着她骑上马，我感动得热泪盈眶。是啊，有付出就会有回报！

有相处的时候，就会有分离的时候。当大群大群的狼开始集结的时候，他们就要分离了。当他们呼喊有狼群，要喝住他们时，格林看了她一眼,大颗大颗的泪珠从我眼角流出,而李微漪已经泣不成声。在这个紧要关头,谁想把思绪都留给对方呢?而命运是注定的。当格林奋力奔向狼群的时候,我也露出了欣慰的一笑,格林终于有家了。

信仰,是人生不可缺少的东西,它是信任背后的一面镜子,而背后却不知付出了多少……

【帅杰谈修改】

第一稿对电影的复述语言比较精准。它看上去似乎很简洁,但文中的感想没有完全地被浸染,而且有些词语在表达方面有缺陷……加油,相信更棒的你!

【曹老师评作文】

文章复述了故事里的几个情节,李微漪收养了小狼、格林给她牵马和格林重返狼群彼此分离。显然,这几个情节给小作者留下了深刻的印象。有这样几句话道出了小作者的观感:"而她的一系列举动,也换来了狼的知恩图报""是啊,有付出就会有回报"!

我们还会注意到文章开头和结尾都提到了"信仰"一词。

百度百科对"信仰"一词的解释如下:

信仰指对某种思想或宗教及对某人某物的信奉和敬仰,并把它奉为自己的行为准则。

信仰带有理智的主观和情感体验色彩,特别体现在宗教信仰上,极致甚至会丧失理智。

哲学家定义的信仰:"一种强烈的信念,通常表现为对缺乏足够证据的、不能说服每一个理性人的事物的固执信任。"

显然,小作者的观感与首尾的"信仰"不搭界。也可能是因为小作者想的与表达出来的并不一致。

教学反思

反思这次习作"油水分离"的情况，产生这种状况的原因在于在这次观后感写作教学中缺少过程指导。

王荣生教授曾说过："中小学语文课几乎没有写作教学。"这样讲的原因，就在于"从学生思考他的写作开始，到他开始写作，到他的作文完成，这一阶段几乎没有指导。""缺乏过程指导"，是写作教学中存在的共同问题。如果教师在学生的写作过程中能提供有效的指导，则可以大大缩短学生由"生"变"熟"、从"拙"到"巧"的路程，从而提高作文教学的实效性。

过程指导如此重要。那么，接下来的问题是如何指导学生写观后感。

部编版教材八年级下册第三单元的写作主题是"学写读后感"。观后感的写法，与读后感类似。其中有这样的几段内容：

写读后感，要注意以下几点。

一、适当引述。要在充分理解原文的基础上，对自己感触较深的部分直接引述，也可以对原文加以概括，间接引述。

二、感受力求深入。读完原文后，或许你会产生很丰富的感触，但比较平常、浅显，直接写下来，可能是蜻蜓点水、浮光掠影式的。这就要反复思考、提炼，把自己的感受明晰化、条理化。写作时，还可以从多个角度或层次来思考与表述。

三、联系阅读积累及生活经验。写作中，应该联系自己的阅读积累，来印证或深化当前的阅读感受，还可结合生活经历中的类似体会来写。这样才能使读后感内容丰富，容易获得读者的认同。

下面是一名同学写的《小石潭记》读后感的提纲：

1.《小石潭记》"潭中鱼"的这段文字，描写的是常见景致，却让人觉得特别美。

2.这得益于作者的细致观察，全身心投入。

151

3.静下心来,认真品味,才能感受到美。我们旅游时,如果只是满足于走马观花,就很难发现美、欣赏美。

写读后感,要以"感"为主,"感"是作文的重点。写读后感时,容易犯引述原文过多的毛病,"感"的内容单薄,被淹没在引述当中。这是要注意避免的。

看电影或电视剧时,也会有一些感受和想法,写下来,就是观后感。观后感的写法,与读后感类似。

写作实践:

你看过不少电影和电视剧吧,其中哪一部给你的印象最深?为什么?就此写一篇观后感,题目自拟。不少于600字。

提示

1.回忆你看过的电影或电视剧,选出印象最深的一部,想一想,剧中的哪个人物、哪个情节(或细节)打动了你?

2.分析剧中人物或情节打动你的原因,可以联系自己的生活经验来谈。

这一则关于"学写读后感"的写作指导,对读后感的写作提出了几点要求,其中体现过程性的写作指导,要数《小石潭记》的读后感提纲了,这则提纲中把读后感的构思过程体现了出来。

读了这则写作指导,学生能不能学会写读后感?教师会不会指导学生写读后感?

我认为真正的过程指导,应该是贴近学情、紧扣写作任务的写作思维的过程指导。

针对观后感的写作任务,我觉得教师应该引导学生学会"聚焦""转换"和"整合"。

首先,"聚焦"电影中的"泪点"。

所谓"泪点",就是电影中打动你的那些情节、那些人物、那些镜头。这是感想的触发点。如后面附上的习作第一稿中，小作者就"聚焦"在李微漪收养小狼、格林给她牵马和格林重返狼群彼此分离的情节上。可是，缺少训练的学生，多数不会"聚焦"，把文章写成了故事梗概，就如面对美景，却不知道去选哪一处拍下来。教师在布置观后感任务时，应该把"聚焦"的任务，一起布置下去，这样学生会在观影的过程中注意收集信息，不至于在写观后感时无的放矢。

其次，"转换"感官体验为深刻感悟。

"转换"是学生写观后感的难点。荣维东在《交际语境写作》中写道："生活、活动、信息，只有被注意、激发并转化、加工之后，才能内化为写作内容或材料。""学生没有内容可写主要是他们'不会转换'造成的，是缺乏对生活进行唤醒、激活、体验、加工、转换、再造的能力造成的。"从第一稿可以看出，对电影中的内容，小作者不能成功地把感受"转换"成贴切的感悟，首尾提及的"信仰"，在文中缺少过渡和支撑，如油水分离。

我认为，要解决这个难点，就需要借助微型写作训练"转换"，做好成文前的铺垫。《重返·狼群》这部电影，带给人的思索很多。如人与自然的关系，善与恶的辨别，亲子关系的理解，个人与团队的关系等，这些都可以借助"内容+感悟"的 200 字左右的微型写作训练加以强化。"改善学生写作并不需要系统化的全面的写作知识，只需要对学生写作中的一二处关键困难提供必要的知识支持，就足以促进学生的写作学习"，"微型写作课程的逻辑起点就是研究并'变构'学生写作活动中的'迷思概念'，最终促进学生写作水平的提升"（邓彤《微型写作课程设计原理》）。

最后，"整合"零星感悟成深入思考。

"整合"是最见功力的。这个过程，就是比较、选择最打动自己之处来写，并且尽量写得深入。说得形象一点，就是对已有的内容，做点"加法"和"减法"。

为突破这一点，用思维导图是最合适不过的了。教师可以把已有的感悟,用思维导图的形式,在白板上画出来,再引导学生做"加法"和"减法"。

先做"减法",从诸多角度中删删减减,留出自己最有感触的一点来写。《重返·狼群》这部电影,最打动人心的是李微漪与格林之间的"亲情"。这个点,学生写得最多。其次,选择较多的要数人与自然的关系了。还有善与恶的辨别,亲子关系的理解,个人与团队的关系等,这些主题选择的人就比较少了。

再做"加法",可以横向合并的主题,可以并列起来的主题,要做个选择。同时,在所选主题基础上,能不能纵向地延伸内容,就看学生能否把电影观感与自己的生活体验衔接起来了。这一点,教师要做引导,才能把学生的思考引向深入。

以下是王帅杰完成的修改稿。

【第二稿】

有一种爱,叫放手

王帅杰

《重返·狼群》从视觉上来说,它没有3D的触手可及,甚至没有特别稳定而清晰的镜头,但这是一种最真实的记录。

这部影片讲了一名叫李微漪的野生动物画家,去若尔盖草原写生时,收养了一只父母都被杀害的小狼,而她的一句话让我为之震撼:"不管怎么样,先救活了再说。"是啊,如果换成你,你希望被收养还是遗弃?

格林是一只聪明的小狼,它爱看《动物世界》,自己学习捕鱼技巧,但一看《新闻联播》就困倦得酣睡。到了晚上它会轻轻地叫,可是叫声却隐含着霸气与凌厉,足以惊起万家灯火。影片前一部分用诙谐与幽默的画面将格林这只小狼幼时调皮捣蛋、机敏好学的形象展现得淋漓尽致。

而她的一系列举动，也换来了狼的知恩图报。从下雨天阻止她出门不被雨淋，到给他们藏食物的举动，他们结下了亲情的不解之缘。而最令我感动的是给她牵马的事。

在走冰面的时候，格林死活不让她过。它到底想干什么？"刺啦——"冰面裂开了，她的脚崴伤了。刚才还让它走开，现在觉得真想收回刚才的话呀！脚崴了，怎么走？当她快要绝望的时候，格林看了她一眼，走了。这家伙难道想自己走？不可能！不一会儿，只见它吃力地牵着一匹马来到李微漪身边。她吃惊得不得了，觉得这家伙太神了！格林吃力地推着她骑上马，我感动得热泪盈眶。是啊，有付出就会有回报！

有相处的时候，就会有分离的时候。当大群大群的狼开始集结的时候，他们就要分离了。当他们呼喊有狼群，要喝住他们时，格林看了她一眼，大颗大颗的泪珠从我眼角流出，而李微漪已经泣不成声。在这个紧要关头，谁想把思绪都留给对方呢？而命运是注定的。当格林奋力奔向狼群的时候，我也露出了欣慰的笑容，格林终于有家了。

可是，当看到城镇里贩卖狼牙和狼皮时，李微漪和亦风又感到不安和恐慌，于是重返草原寻找格林。当看到猎人不顾保护区禁令发起对狼群的围攻，看到那些动物的尸体时，他们更加焦虑和担忧。直至看到格林幸运地躲过猎人的袭击，他们紧绷的心才放下。

格林的身影消失在地平线上，在九个月大时，终于重新返回了狼群。这是首例，也是一场发人深省的坚持和对大自然的呼喊——守护狼群、守护草原随着时间的漩涡而消逝的一切……

留住心爱的人很容易，可是天底下又有多少人能做到放手？其实，真正的爱不是一辈子全身心地付出，而是付出后的放手。人生的一切只有自己去经历,才能悟出一份独一无二的滋味与感受。

学会放手吧,让我们自己走将来的路。因为,有一种爱,叫放手。

【帅杰谈修改】

我们现在写文章,倒也用不着一字一句都完全想好才下笔。写后修改才是最重要的。通过第一次修改,发自内心的感慨有了抒情化的扩散;还注重了一些细节。内容也更加丰富起来。但还是有些啰唆,希望把多余的字、词、句、段删去,使文章变得简洁、明了。

【曹老师评作文】

与第一稿相比,这一稿小作者增加了关于格林性格的一段描述,显然聪明好学、调皮有趣的格林给小作者留下了深刻的印象。由此可见小作者的进步,文章里不仅有内容的复述,还增加了对格林形象的评价。

第一稿中的"信仰"不见了,取而代之的是对李微漪和亦风善举的赞美和对人与人之间关系的思考。这些内容的补充,也体现了小作者的观感不再停留在对情节的直观感受上,而是聚焦在对人物的评价、对生活的思考上。

从这几处改动来看,小作者的思考越来越清晰,越来越深入。如果把电影观感与自己的生活衔接起来,文章会更有深度。

王荣生教授说:"我们对老师有一个建议:写作教学就是研究学生的写作状态和写作样本,根据学生的写作状态和写作样本,确定最近一个阶段的写作重心和要突破的目标,这样才能真正帮助到学生。"这句话中的"这样才能真正帮助到学生",深深地打动了我,语文教师的职责,不就是把语言的种子播种到学生心里,然后等待花开的时刻吗?

课 评

教师方法若酒醇，学生文采舞缤纷
——评曹静老师观后感写作指导

吴凤云

作文教学是语文教学中的一个重要的组成部分，是完成知识迁移的重要环节，学生写作水平是学生认识水平和语言文字表达能力的集中体现。当今社会，随着电子媒介的普及，观影成为孩子们喜爱的一种娱乐方式。怎样把孩子们喜闻乐见的娱乐方式和作文教学结合起来，达到寓教于乐的效果呢？曹静老师的观后感指导给了我们一个很好的范例。

一、紧贴学情做反思

布鲁纳曾说过："学生的错误是有价值的。"这话没错，但学生的错误只对那些认真思考、善于反思的教师才有价值，曹静老师就是这样的老师。当她发现学生的观后感只有"观"没有"感"这样的学情后，没有批评学生，也没有得过且过，而是认真地分析，冷静地反思。她首先想到这种"油水分离"的现象是缺少写作指导造成的，于是很自然地想到了王荣生教授曾指出中学作文教学缺少写作过程指导是共性问题，并想到了写作过程指导的重要意义和怎样进行写作指导。由此，曹静老师的反思最终让学生的错误有了价值——对学生来讲，这个价值是使自己的观后感写作由"油水分离"变成深刻的感悟；对教师来讲，这个价值是教师抓住了教学契机，深入研究，促进自己的专业成长。

二、借力打力授方法

在中国传统武术中，最讲究的就是借力打力。那么何谓借力打力？即借助他人的力量克敌制胜,起到四两拨千斤的作用。为了教会学生写观后感,曹静老师想到了部编版教材八年级下册第三单元的写作主题是"学写读后感",观后感的写法与读后感类似。于是,她借力打力,由读后感写作的要领想到了观后感写作的要领,由学生写读后感的实践联想到写观后感的实践。她是这样总结的:写读后感,要以"感"为主,"感"是作文的重点。写读后感时,容易犯引述原文过多的毛病,"感"的内容单薄,被淹没在引述当中。这是要注意避免的。看电影或电视剧时,也会有一些感受和想法,写下来,就是观后感。观后感的写法,与读后感类似。相信在这样的指导下,学生很快就会触类旁通地学会观后感的写法。

然而,曹静老师并没有止步在"借力打力"上,而是根据学情,抓住学生写作思维的特点,归纳出观后感写作的六字诀:聚焦、转换、整合。不仅如此,对聚焦什么、怎样转换、如何整合,曹静老师分别给出了解决路径。你看,"教师在布置观后感任务时,应该把'聚焦'的任务一起布置下去,这样学生在观影过程中才会注意收集信息,不至于在写观后感时无的放矢";你看,"解决这个难点,需要借助微型写作训练'转换',做好成文前的铺垫";你看,"突破这一点,用思维导图是最合适不过的了。教师可以把已有的感悟,用思维导图的形式,在白板上画出来,再引导学生做'加法'和'减法'"。

"工欲善其事,必先利其器",曹静老师给出的具体方法的指导就是学生写作的利器,有了这样的利器,学生在写作时想不自信都难。

三、师生共评不厌改

我国古代文人说过:"文章不厌百回改。"鲁迅先生也说过:"作文没有什么秘诀,要说有,那就是多写多修改。"然而现实生活中,很多语文老师认为作文水平提高的关键在于不停地练笔,一学期下来,学生作文写了十几篇,苦不堪言,作文水平却不见提高。曹静老师深知只写不改的弊端,于是才有了学生第二稿的佳作。

更难得的是，在学生修改前和修改后，都有学生个人和老师的评语。《义务教育语文课程标准(2018 年版)》对七至九年级学生明确指出：要养成修改自己作文的习惯。两次写作之后学生两次对自己的作文先有一个自评，这是为了明确修改的区域，阐释修改的原因；两次作文之后教师对学生的作文再来一次点评，这是为了引领修改的方向，指明修改的效果，鼓舞学生写作的士气。

当下，很多一线老师感叹不知道写作教学怎样教，曹静老师的观后感指导恰如阳光一缕，驱散我们心头的阴霾，作文教学就应该像这样，以学生的写作状态和写作样本为依据，确定写作教学的目标，然后定方向、指路径。做好了这些，我们就可以静待花开了。

（吴凤云，河北省秦皇岛经济技术开发区深河中学，曾先后在全省乡村骨干教师国培活动、《中国教育报》网络直播平台做经验分享。）

第二辑

"群"生彩凤双飞翼

跟《秋天的怀念》《散步》
学给词写话

教　材	部编版教材七年级上册第二单元
篇　目	《秋天的怀念》《散步》
写作知识	给词写话

教学缘起

给词写话，就是贴着学情走的好办法。

这个想法，来自对余映潮老师"给词写话，趣读课文"文章的阅读与学习。先摘录余老的文章片段："所谓'给词'，就是给学生'点出'所教学课文中的若干词语，所谓'写句'或'说话'，就是请同学运用这些词语来创造性地表述本课的内容。这是很有趣的阅读活动，是有趣的说或写的活动，是面向所有学生的集体训练活动，是能够把学生深深引到课文之中的思考与表达的活动。"余老这样设计，是想让学生在这样得体、得法的"绕着弯儿走"的活动中经受历练，既训练能力，又积累知识，同时解决课文理解的问题。

我在《秋天的怀念》《散步》教学中做了一些尝试，发现收获多多。余老的设计是给出一定数量的词语，我做的训练，降低难度，因此给词的范围是《秋天的怀念》和《散步》课后所有词语。学生完成后，师生讨论交流修改。

一、写句训练，可以发现不同的思维状态

先看一组学生组合《秋天的怀念》一课的词语,写成的句子:

1.自从我双腿瘫痪后,脾气变得暴怒无常,母亲也变得十分憔悴。有一天,母亲央求我出去走走,我答应了。母亲喜出望外,可万万没想到,那一天,竟是我和母亲的诀别。(杜潇悦)

【教师评点】杜潇悦的句中,有两处值得称赞:一是"母亲也变得十分憔悴"中的"也"字,把前后句的因果关系点了出来;二是"可万万没想到"联结了"喜出望外"和"诀别",转折关系一目了然。从这两点可以看出,杜潇悦对文中事件的关联理清楚了,并能用恰当的方式表达出来。

2.我双腿瘫痪后,母亲也越发的憔悴,花没有看成,母子俩却成了永远的诀别。(郭旭阳)

【教师评点】郭旭阳的句子短小精炼,其中"越发的憔悴"写出了与上句的关联。第二句的"花没有看成",也是简练地点出了事情的结果。

3.暴怒的我看着母亲央求的表情,同意跟她去看烂漫的菊花。(邢梦凡)

【教师评点】邢梦凡的句子更加简练,把"暴怒"与"央求"对比,引出后文。

4.史铁生双腿瘫痪后脾气变得暴怒无常。面色憔悴的母亲央求他去北海看花。母亲走出了门,却没想到那竟是和他永远的诀别。又一个秋天,妹妹推他去看了北海烂漫的花朵。(牛鲁湘)

【教师评点】牛鲁湘的句子更注重把全文内容完整地概括出来。其中的"暴怒无常""瘫痪""憔悴""诀别"和"烂漫",都是班内本次写句的热词。

5.我自从双腿瘫痪后,母亲变得很憔悴。母亲很喜欢花,但我双腿瘫痪

后,母亲侍弄的花都死了,母亲央求我去看花,我的回答让母亲喜出望外,母亲高兴地絮叨了很久。(及亚茹)

【教师评点】及亚茹的句子中,写母亲的词语用上的最多,像"侍弄""央求""絮叨"这几个词语,写出了母亲的生活细节,亚茹特别细心地把这些词语都用上了。

6.双腿瘫痪后我的脾气变得暴怒无常,母亲在病房做了诀别,母亲去世前央求别人照看好我。她说:"我有一个有病的儿子和未成年的女儿……"后来妹妹带我去看花时,看着烂漫的花,我明白了母亲是想让我们好好儿活下去。(姜旭帆)

【教师评点】姜旭帆关注文章的主题,他把目光聚焦在了诀别之后作者思想的成长。美中不足的是诀别只可一次,没有"最后一次诀别"之说。

教师小结

从这六则片段,可以看出孩子们对课文思考关注的内容不同。有的关注事件之间的关系,用恰当的方式表达对事件关联的理解;有的关注事件的全过程,概括倾向于完整性;有的关注事件的关键部分,突出中心;有的关注人物,注意筛选相关的细节。

二、写句训练,可以检验学生对词语的理解

再看一组《秋天的怀念》的给词写话完成的句子:

1.我自从双腿瘫痪后碑气很暴怒,有一次母亲问我去不去看花,我同意了,母亲对我的回答喜出望外。

2.我瘫痪后牌气很暴,之后作者的母亲央求作者和她去看花,作者答应了,母亲喜出望外。没等多少时间,母亲就憔悴了。

3.史铁生自从瘫痪后,脾气变得非常暴怒,而他的母亲一天比一天憔悴,

永远决别了。第二年秋天,他和妹妹看了北海的菊花,花开得很烂漫。

4.自从史铁生的腿瘫痪后,脸色十分憔悴,脾气十分暴怒。

5.瘫痪的作者,看着憔悴的母亲。突然,母亲显出央求般的神态,对作者说:"我推你出去散步吧!"作者突然暴怒起来,母亲伤心地走了出去。这一去,没想到竟然是与作者永远的决别。

6.自从我瘫痪后,我的脾气变得越来越暴怒,内心变得越来越憔悴。

教师评点

读完这一组句子,就会发现学生不理解"暴怒""诀别""憔悴"的意思,对"脾气""诀别"的写法也掌握得不好。

先说"暴怒"。它的意思是极端愤怒。因此,在"暴怒"之前不需要再加"很""十分""非常"等表示程度的词语,否则意思就重复了。另外,"暴怒"呈现的是一种极端的状态,所以像"突然""越来越"等表示变化的词语也不能用来修饰它。

再说"诀别"。这个词语的写法出错率极高,原因就在于不理解字义。百度百科对"诀"的解释:"诀〈动〉形声。从言,夬声。本义:辞别,告别。特指长别。"而对"决"字的解释:"〈动〉形声。从水,夬(guài)声。本义:疏通水道,使水流出去。"分清了"诀"与"决"的字义,就能理解"诀别"的意义和写法了。

再说"憔悴"。这个词是用来形容人瘦弱,面色不好。第2句中"没等多少时间,母亲就憔悴了",显然是把"憔悴"理解为身体状况每况愈下;第6句中"内心变得越来越憔悴"则把"憔悴"当作忧虑、伤感的心绪来理解的。可见,学生没有弄清词语的适用对象。

最后说"脾气"。学生误写为"碑气"和"牌气",很显然,学生没有分清这些形近字的意思。汉字既可表音,又能表意,这给学生的理解增加了难度。课堂上需要借助字典进行辨析,也可以组词进行辨析。这里从字的结构上对这三个字做一下辨析。

"碑",形声。从石,卑声。本义:古时宫、庙门前用来观测日影及拴牲畜的竖石。现在指刻上文字纪念事业、功勋或作为标记的石头。

"牌",形声,从片,从卑,卑亦声,指娱乐或赌博用的卡片。

"脾",形声。从月(肉);卑声。本义:脾脏。

教师小结

我记得在一本书里看到过,汉字是唯一兼有表意与表音功能的文字。从以上词语的使用错误情况来看,孩子们都在汉字的字形字义的辨析中徘徊与挣扎,当然也在这反复的辨析中锤炼自己的表达,磨砺着自己的思维。汉字是老祖宗给我们留下的宝贵遗产。

附:《散步》"给词写话"佳句集锦:

1.我让母亲出去走走,锻炼一下身体。母亲信服地点点头,便去拿外套。后来发生了分歧,母亲要走大路,儿子要走小路,但一切都取决于我。一霎时我感到责任重大,我想想一个两全的办法,但想不出来。我想拆散家人各得其所,但母亲摸摸孙儿的小脑瓜,决定走小路,因为她在小路上望见了金色的菜花、整齐的桑树和一口水波粼粼的鱼塘。(张怡诺)

2.我告诉母亲为了健康应该多走走,母亲信服地点了点头。半路上儿子和母亲产生了分歧。但是一切都取决于我,一霎时我背负上了重大责任,我想了一个两全的办法,那就是把我们分成两队,可以各得其所,但是母亲改变了主意,我们就朝水波粼粼的鱼塘走去了。(邢梦凡)

3.母亲信服我,可我们因为走哪条路出现了分歧,结果取决于我。一霎时,我不知道怎么办,想了个各得其所、两全其美的办法,可是分开一家人不大好,最终走了小路,一家人其乐融融。(郭旭阳)

4.我让母亲陪我们一家去散步,一开始,母亲本不愿意,可是在我的劝说下,母亲信服地点点头,和我们一起去散步。走着走着,突然发生了分歧,我的母亲要走大路,儿子要走小路,不过这一切取决于我。我考虑了一下,决定委屈儿子走大路。母亲摸了孙儿的脑瓜,变了主意:"还是走小路吧。"于是,我们就顺着小路,向水波粼粼的鱼塘走去。(李笑蔚)

课 评

此中有真意

——曹静老师《跟〈秋天的怀念〉〈散步〉》学给词写话》课评

孙贞锴

曹静老师对余映潮老师的"给词写话,趣读课文"进行了悉心研读并活学活用,这种悉心研读、活学活用的态度首先就很值得我们学习。愚以为,在很多老师身上,缺少的就是这种精神,这种自觉学习、灵活运用和主动创造的精神。

基于对这样一种品质意识的敬畏,反复学习、揣摩曹静老师的课例,想到了一句诗句来形容个中感悟,那就是"此中有真意"。

一、融入词语教学的新元素

曹静老师课例的原题是"小词语,大乾坤",其着意点在于基于学情的词语学习与运用。"小词语"当中确实蕴含着"大乾坤",但怎样让"小词语"的"大乾坤"动起来,恐怕并非一件易事。

曹静老师的"学给词写话训练",融入了词语教学的崭新元素,用从课文中所学词语串联组句、复述课文有关镜头或内容,首先检验和考查的就是学生对词语的理解,这种理解远远超越了单纯的机械识记,比之课中或课后的集中背记更高一筹,因为这种情境化的训练方式——更加突出对语境意义的把握,很好地体现出该学段词语教学应有的侧重点。语文教育家宁鸿彬老师就非常注重、倡导对学生的造句组句练习,学生在小学时就接触造句、组句,但是真正对此起到发散思维、加强语感作用的时期则主要在中学阶段。曹静老师采取的形式,与当下一些流行的给词造句形式截然不同的是——就地取材,就用课文词语写课文,表达一种记忆、一种理解,从曹静老师给出的学生例句及其点评可以看出,老师的反馈分析直切要害。这样的特殊训练及其反馈对学生来说,在词语的理解、运用上所形成的印记——比起简单的读背来说,自然印象深刻。比之给出词语自行写句的通常方式来说,既给了学生一个抓手、在难度上有所降低,又紧扣课文学习、富有针对意义,可以说是别有滋味在心头。

二、创设微型写作的新范式

这种给词写话活动,可以视为一种体现读写结合精神的微型写作活动。通过写话方式,让学生以课文所学词语"写课文",从学生对词语的理解以及学生在表达中呈现的思维状态入手进行分析反馈,也可以说是创设了一种微型写作的新范式。

我首先将其理解为一种对教材文本资源的特殊利用。在以往的语文教学中,包括课改以来强调拓展语文课程资源开发的新教学动态之下,很多老师忽略了教材文本对学生表达、写作的作用。通过课文词语写课文,虽然是余映潮老师较早提出的一种做法,但在曹静老师这里确有一些新的思考和发现。尤其是她对学生给词写话活动中表现出的思维状态之别,堪称一种细致入微的体察和发现。没有这样一种细致入微的分析,这种写作活动就会流于形式上、数量上的重复,而缺乏有针对性的深入梳理、反馈、点拨,学生的微写作最后也会演变成一种简单的重复乃至应付。现实中,一些好的创意、主张之所以没有落到实处,往往和我们的认识不足、跟进反馈不及时、不到位有很大关系,以致最后流于形式,与预期目标存在较大差距。其实,微写作也需要更及时、更经济的反馈,老师要做的就是在训练之中引导学生发现问题、认识规律,逐渐达到自我反思与评价能力的提高,曹静老师在这方面显然堪称有心之人,给我们做出了很好的示范。

与此同时,这样一种给词写话活动可以列为一种课内微型写作有效的"常规性训练"或者"习惯性动作"。我对语文写作活动有一个"三位一体的动作观",即中学生写作活动应该包括技能性训练、体验性训练和习惯性训练。曹静老师选择《秋天的怀念》《散步》这样情思意蕴深厚的散文名篇——让学生进行写句训练,俨然成为师生生活中的一种习惯动作,这种常规性的微写作看起来不很起眼,个中却暗藏玄机,学生对词语的理解、对课文的把握、表达思维的走向等无不折射其中。这样一种有意识、有选择的常规性训练的坚持与强化,对促进学生深入地思考表达自然有益,对其他形态的写作也是有帮助的。

三、体现语识语感的双结合

曹静老师引导学生给词写句的活动及其引导,在笔者看来,无论从哪个角度审视,都较好地体现出"语识语感的双结合"。

不能辩证理解、把握语文知识和语文能力的矛盾关系,被视为语文教学高耗低效的一个重要原因。这里的关键问题在于,语文学习中的能力培养必须依托有效的语识传习。与此同时,语识传习本身并不能直接导出语文能力,语文能力还需要在自觉的习惯养成和积极的语文实践中获得。语文教学要在以"语识"为本的同时培育"语感",促进学生对语文知识的自觉、灵活和综合运用。语感的体验和语识的运用必须两条腿走路。这就需要建构科学可行的训练格局。

曹静老师组织和引导学生所进行的"给词写话"活动,可以考查学生对词语的运用、对课文的理解、对语句的表达,这种考查是融合在有情境、有针对性的语感训练之中的,老师对相应训练做出的反馈,本身有助于对语识的再辨识。曹静老师的相应教学活动是有明确操作导向的,但这种明确操作的背后是有确切的学理支持的,而不是一些人所处的"茶壶煮饺子倒不出来"、只管做却不知道为什么这么做、究竟怎么做好、讲不出科学道理的境地。

曹静老师的教学处理其实是体现了科学取向的,对促进学生能力形成有着较为明确的指导,这一点难能可贵。作为语文老师,同样需要"教识"(教学认知)和"教感"(实践体验)的双结合,这样才能有的放矢。

是的,小词语大乾坤,此中有真意,真的需要我们细细琢磨……

(孙贞锴,教育学硕士,烟台名师,齐鲁名师人选,烟台市教科院特约编辑,鲁东大学文学院硕士研究生兼职导师。)

跟《春》《雨的四季》学写"雨"

教　材	部编版教材七年级上册第一单元
篇　目	《春》《雨的四季》
写作知识	各种感官来观雨,妙用拟人和比喻。 远近早晚各不同,间接直接总相宜。

教学缘起

　　部编版教材七年级上册第一单元包含三篇散文和四首古代诗歌,其中这三篇散文形成一组景物描写的群文。

　　王君老师对群文阅读有深入的研究。她认为,群文教学最基础的思维特质是"同类信息敏感",即对同一文本中或者不同文本中具有相同气质和相同意义指向的语言信息具有高度敏感,意识到它们之间的呼应和联系,有把它们共同构成一个独立的语言场的语言冲动。

　　群文阅读,不应止步于阅读。作文教学,如有群文阅读助力,必能"群"生彩凤双飞翼,"文"有灵犀一点通。

　　关于这一点,梁启超先生早在《中学以上作文教学法》一书中就曾指出:"譬如先讲记静态之文,选十篇(或专选同类的或不同类)令学生看。先生教他如何看法(观点何在,时间空间关系如何),拿一组十篇做一比较。令学生知同时一类的文,有如此种种不同;或同一类题目,必须如此做法。不注重逐字逐句之了解,要懂得它的组织。"梁启超先生还谈到群文阅读之于写作的功效："若有几百篇文,学生真能懂得,没有不会作文的。"

群文阅读如何与写作教学实现完美对接,这需要教师精心选择教学内容。部编版教材七年级上册第一单元《春》与《雨的四季》中都有关于春雨的景物描写,通过片段之间的求同比异,学生可以发现景物描写的方法。

教学实录

【屏幕展示】

文段一:《春》春雨图

　　雨是最寻常的,一下就是三两天。可别恼。看,像牛毛,像花针,像细丝,密密地斜织着,人家屋顶上全笼着一层薄烟。树叶子却绿得发亮,小草儿也青得逼你的眼。傍晚时候,上灯了,一点点黄晕的光,烘托出一片安静而和平的夜。乡下去,小路上,石桥边,有撑起伞慢慢走着的人;还有地里工作的农夫,披着蓑,戴着笠的。他们的草屋,稀稀疏疏的,在雨里静默着。

文段二:《雨的四季》春雨图

　　春天,树叶开始闪出黄青,花苞轻轻地在风中摆动,似乎还带着一种冬天的昏黄。可是只要经过一场春雨的洗淋,那种颜色和神态是难以想象的。每一棵树仿佛都睁开特别明亮的眼睛。树枝的手臂也顿时柔软了,而那萌发的叶子,简直就像起伏着一层绿茵茵的波浪。水珠子从花苞里滴下来,比少女的眼泪还娇媚。半空中似乎总挂着透明的水雾的丝帘,牵动着阳光的彩棱镜。这时,整个大地都是美丽的。小草似乎像复苏的蚯蚓一样翻动,发出一种春天才能听到的沙沙声。呼吸变得畅快,空气里像有无数芳甜的果子,在诱惑着鼻子和嘴唇。真的,只有这一场雨,才完全驱走了冬天,才使世界改变了姿容。

师：我们比较两个文段，你发现有什么异同？

生：《春》里写到"树叶子却绿得发亮，小草儿也青得逼你的眼。"这句话写出了小草经过春雨的洗淋，变得更清新了。《雨的四季》也写道："小草似乎像复苏的蚯蚓一样翻动，发出一种春天才能听到的沙沙声。"这句话写出了小草的活力。

师：这两句话用的手法是不是一样呢？

生：《雨的四季》里写小草用到了比喻的手法，说小草像蚯蚓一样翻动。

生：《春》写出了小草青青，从色彩角度写的。《雨的四季》写小草的沙沙声，是从声音角度写的。

师：你发现了很重要的一点，原来写小草可以从不同感官角度来写呢。

（板书：从不同感官角度来写小草）

师：我们再来对比一下树叶子是不是也写得不一样？

生："每一棵树仿佛都睁开特别明亮的眼睛。树枝的手臂也顿时柔软了，而那萌发的叶子，简直就像起伏着一层绿茵茵的波浪。"《雨的四季》里写树叶比《春》更细致，分别写了树枝和树叶，还用了比喻和拟人的手法。

生：《春》里写"树叶子却绿得发亮"，《雨的四季》说"睁开特别明亮的眼睛"，用了拟人的手法。

师：我们发现作者用得最多的修辞手法有哪些？

生：有比喻，有拟人。

师：用上这些修辞手法，我们觉得这些树、这些小草鲜活起来了呢。

（板书：用上拟人和比喻）

生：《春》里面除了写雨中景物的句子，也有直接写雨的句子。《雨的四季》里就没有直接描写春雨的语句。

师：你来好好说说自己的重大发现。

生:《春》里有直接写春雨的句子:"雨是最寻常的,一下就是三两天。可别恼。看,像牛毛,像花针,像细丝,密密地斜织着,人家屋顶上全笼着一层薄烟。"连用了三个比喻句,写出了春雨细密的特点。这两篇文章里更多的是写雨中的景物。

师:我们再来细致地比较一下,两段文字分别写了哪些雨中的景物?

生:《春》里写了雨中的树叶子、小草,还有雨中的行人和农夫,像撑起伞走着的人、地里工作的农夫。

师:同学们有没有注意到这一句:"一点点黄晕的光,烘托出一片安静而和平的夜。"这一句中的"黄晕"是指什么?

生:课下注释写的是"昏黄不明亮"。

师:灯光是怎么变得昏黄的?

生:是灯光在雨中变得朦胧了。

师:"朦胧"这个词用得好!草屋也在雨中"静默着"。《雨的四季》里写了哪些雨中景物?

生:有树叶、花苞,还有小草。

生:还有树枝。

师:比较一下,两段文字所选的景物有什么不同?

生:《春》里写了树叶子、小草儿,还有灯光、草屋,还写了人的活动。《雨的四季》里重点写了树和小草,写得很细腻。

师:也就是说,我们可以直接写雨,也可以借助对雨中景物的描写来表现雨。人们的活动可以写,也可以不写。你觉得哪一种更好呢?

生:我觉得写出人的活动更好。

(板书:直接写雨和借助雨中景物来写雨)

师:我们还有什么发现?

生:"呼吸变得畅快,空气里像有无数芳甜的果子,在诱惑着鼻子和嘴唇",这句话是从嗅觉角度写的。

师:这句话和《春》里的一句话很像,我们一起背出来。

生齐背:"花里带着甜味儿;闭了眼,树上仿佛已经满是桃儿、杏儿、
梨儿。"

生:果子不是春天有的,也就是说这两句话里都包含着作者的想象。

师:我们除了写眼前的实景,还可以调动我们的想象来丰富文章的内
容。这一点,应该归到写法上吧。

(板书:运用想象更增色)

师:老师再补充一点,大家看看两段文字的顺序有什么不同?

(生沉默。)

师:前两篇课文里都用过哪些写景顺序?

生:《春》里的春花图,是先写桃花、杏花、梨花,再写地上的野花,《济南
的冬天》也是由山尖到山腰到山坡,这些都是从上到下的顺序。

师:我们再来看这两段,用了什么顺序?

生:《雨的四季》由树看到小草,是由上到下的顺序。

生:《春》写雨也是由上到下。

师:大家留心这个词语"乡下去",从中发现什么?

生:作者是望向了远处。这一段用的是由近到远的顺序。

生:这里有一句"傍晚时分,上灯了",可能作者是由白天写到晚上吧。

师:"春雨图"里也藏着时间顺序呢。

(板书:写景顺序——从上到下,由近到远,从早到晚)

师:我们不妨把这些方法归纳为几句顺口溜:

各种感官来观雨,

妙用拟人和比喻。

远近早晚各不同,

间接直接总相宜。

习作示例

中秋的雨

赵小雨

一觉醒来,外面就变成了雨的世界。

昨日便落下了几丝雨点,傍晚时分已然下起了淅淅沥沥的小雨,但都太细小,直到此时,方觉秋雨来到了人间。

这中秋时的雨,全不似夏日的雨般直接、豪爽,反而更像春雨那样细腻温柔,却又带来了阵阵凉意,似乎有着淡淡的哀愁。

这场雨之前,好像连秋天的到来都不甚确定——在那温暖的初秋,冷风和降下来的温度只让人联想到夏天的一场暴雨。树也不曾变了模样,还是一片深沉的绿,只是偶尔有几片叶子染上了深深浅浅的黄和红,在一大簇如云的绿中毫不显眼。

但在雨中,一切都变了样。蝉的叫声一下子消失得无影无踪,焦黄的叶子被细密的雨打在大地上,又被风吹起,盘旋了几下后,无力地躺在了地上。树于是变换了自己的发型,露出结实粗壮的枝干。那水中奄奄一息的荷,在温柔又带有不可抗拒力量的秋雨中,悄然败了,残破的花瓣掉在水面上,默默离去。

秋天,这样强势的在雨里彰显出了自己的存在。

中秋的雨,又好像比以往多了些特殊的意味。身在他乡的游子,望着雨,雨便替他给家人带去思念;匆匆往家赶的行人,顶着雨,雨便轻轻拂过他的脸,给他鼓励;阖家团圆的人们,看着雨,雨便放缓了步子,不想打扰他们的欢声笑语。

雨停了。阳光透过厚厚的云层洒向大地,仿佛是金色的希望。

世间万物终于和秋握手言和了。

仍是笼罩着云,但大地清新动人。今晚的天空漆黑一片,没有月亮。

外面的景物隐没在黑夜中,一扇扇窗户却亮起温暖的光辉,将这个黑暗的夜照得明亮温馨,外面的世界,安静而美好。

耳边是家人的言笑晏晏,眼前是中秋夜景的静谧,手中是香甜可口的月饼,一阵清风穿堂而过,带来雨后大地的芬芳和凉意。

眼前虽无明月,但有轻风细雨足矣。

【曹老师点评】

中秋的雨,饱含着温馨的亲情。秋雨绵绵,作者从"一觉醒来"写到"今晚天空漆黑",从早到晚的顺序,写出了雨的多彩多姿。小作者善用比喻和拟人,秋也脉脉含情。落叶"躺在了地上",树"变换了自己的发型",荷在水中"奄奄一息",残破的花瓣"默默离去",世间万物和秋"握手言和"。

课 评

跟课文学写作,借力群文见质变
——评曹静老师《跟〈春〉〈雨的四季〉学写"雨"》

张 敏

曹静老师在教学缘起里谈道:群文阅读,不应止步于阅读。作文教学,如有群文阅读助力,必能"群"生彩凤双飞翼,"文"有灵犀一点通。同为一线语文人,我深以为然。对于越来越多语文教师热衷的"跟课文学写作"课题实践,若能借力当下如火如荼的"群文阅读"同步升格,相信学生的读写素养提升,由量变到质变的飞跃,可以看得见。

借助群文阅读,如何实现与写作教学的完美对接?该是当下一线语文教师大有作为的读写实践课题。青春语文工作室的滨州名师曹静老师,是这一领域的先行者,有幸得曹静老师《跟〈春〉〈雨的四季〉学写"雨"》的课例一睹为快,与同道人分享为乐。

一、以学定教,教材变学材翻转

教材,是承载课程内容的基本载体,是教师教学的依据,更是学生学习的对象。尤其语文学科,是一门学习语言文字运用的综合性、实践性课程。新课改理念下,必须重建一个观念:教材,更是学材;教本,更是学本。变教材为学材,就是把教师课堂上让学生"专心听讲"的内容,通过建立以核心素养为纲,将"语文活动、言语文本、语用知识"三者有机结合,整合多种要素设计成"任务群驱动式"的学生实践活动,落实到新课程目标的达成上。

初中语文教材,在编排上有一定的规律与顺序。"怎样让学生学会和会学""怎样让学生主动参与、亲自动手""怎样真正发挥学生的主体地位",这一系列追问,是教师面对静态的文本时,必须思考的问题。教师只有紧贴学情,立足文本进行个性化的解读、筛选、整理、提炼出促使学生语文学力螺旋上升的"学材"要素,进而有意识地帮助、引导学生开展语文实践,才能实现"教是为了不教"的终极目标。

曹静老师设计的《跟〈春〉〈雨的四季〉学写"雨"》群文阅读写作课,就是在准确预判学情的基础上,充分利用部编版教材资源,以"跟课文学写作"为抓手,构建学生"任务驱动式"的读写实践,巧妙实现将"教材"变"学材"的翻转。部编版教材七年级上册第一单元《春》与《雨的四季》中都有关于春雨的景物描写,通过片段之间的求同比异,学生发现了景物描写的方法,促进了"用以致学"。

二、以写促读,构建向运用跨越

语文的核心素养是学生通过语文教育所获得的最具终身发展价值的人

格修养与关键语文能力。其中,语言的建构与运用,可以说是思维的发展与提升、审美的鉴赏与创造、文化的传承与理解三个层面的基础,四者之间既相互依存,又各自独立。但作为"语文姓语"的学科特征,它绝对居于首位,它是学生在丰富的语言实践中,通过主动积累、梳理、整合,逐步掌握祖国语言文字特点及其运用规律,形成个体的言语经验,在具体的语言情境中正确有效地运用祖国语言文字进行交流沟通的能力。

如何帮助学生"通过主动积累、梳理、整合,掌握祖国语言文字特点及其运用规律,形成个体言语经验的构建"成功走向"正确有效运用"的跨越?答案是必须经由"丰富的语言实践"。那么,窃以为,以写促读、读写共生的语用实践,则是助力学生的"个体言语经验"从"构建"跨越到"运用"的最佳路径。

曹静老师设计的这一节群文阅读写作课,目标明确地指向"跟课文学写作",教学内容精准聚焦,分别从《春》与《雨的四季》两文中截取"同类信息敏感"的描写片段——都是关于春雨的景物描写,把它们共同构建为一个独立的语言场的语言冲动,引导学生在具有高度敏感的语言信息中求同比异,在反复研读中意识到它们之间的呼应和联系,感悟到两段中具有的相同气质和相似写法,进而积累、梳理并整合、构建起"个体的言语经验",为实现下一步"运用"的跨越做充分铺垫。

三、群文助推,量变到质变飞跃

梁启超先生早在《中学以上作文教学法》一书中提出:"譬如先讲记静态之文,选十篇(或专选同类的或不同类)令学生看。先生教他如何看法(观点何在,时间空间关系如何),拿一组十篇做一比较。令学生知同时一类的文,有如此种种不同;或同一类题目,必须如此做法。不注重逐字逐句之了解,要懂得它的组织。"梁启超先生还谈到群文阅读之于写作的功效:"若有几百篇文,学生真能懂得,没有不会作文的。"

正可谓:"群"生彩凤双飞翼,"文"有灵犀一点通。曹静老师是这样说的,更是这样做的。在她设计的《跟〈春〉〈雨的四季〉学写"雨"》课例中,通过单元内的群文组合比读,教师循循善诱地提炼出"各种感官来观雨,妙用拟人和比喻。远近早晚各不同,间接直接总相宜"的写景秘籍,既为学生的写作提供明确范式,又精心搭建支架,再开展"写雨景"的实践活动,学生怎不跃跃欲试、佳作频出呢?

一花一世界,一文一细节。让学生在字里行间,从群文阅读中感悟真、发现美从而实现语言文字"构建"到"运用"的跨越。以构建群文阅读为契机助推,把写作教学渗透到阅读教学中,拓展学生的阅读面和阅读量,由一词一句的积累到谋篇布局的构思,由开头结尾的训练到详略得当的对比,通过大量的直观感悟和理性提炼,逐渐内化为己用,在经由群文阅读的量变中,鼓励学生进行片段仿写,由点及面实现质的飞跃,从而切实提升学生的写作能力。可以看出,曹静老师是在扎扎实实教语文!

(张敏,王君青春语文名师工作室成员,全国优秀教师,省教科研"先进个人"。个人事迹在《德育报》《孝感日报》专版推介。在《中国教师报》《语文世界》《湖北教育》等报纸、期刊及大型公众平台上发表文章百余篇。)

跟《春》《雨的四季》《秋天的怀念》《繁星》《春水》学写"花"

教　材	部编版教材七年级上册第一、二单元
篇　目	课内:《春》《雨的四季》《秋天的怀念》 课外:《繁星》《春水》
写作知识	学会分解观察对象 学会移情于"花" 学会"言情"技巧

教学缘起

"等闲识得东风面,万紫千红总是春。"面对春花烂漫的风景,我们常常能感觉到春光之美,却不知怎样去描绘它。部编版教材七年级上册第一单元的课文用优美的语言,描绘了多姿多彩的四季美景,抒发了亲近自然、热爱生活的情怀。其中,朱自清的《春》和刘湛秋的《雨的四季》都有春花的描写,细品起来,到底应该观察花的哪些特点,看到花你想到了什么,用什么方法可以移情于花。这些问题解决了,学生可以在看到花时,就知道如何落笔,如何写得灵动了。

阅读准备

阅读《春》《雨的四季》《秋天的怀念》,以及《繁星》《春水》的部分诗歌。

《繁星》《春水》诗歌摘录：

（一）

成功的花

人们只惊慕她现时的明艳！

然而当初她的芽儿，

浸透了奋斗的泪泉，

洒遍了牺牲的血雨。

（二）

小小的花

也想抬起头来

感谢春光的爱——

然而深厚的恩慈

反使他终于沉默

母亲呵！

你是那春光么？

（三）

墙角的花！

你孤芳自赏时，

天地便小了，

怎能忘却？

（四）

夏之夜

明月下

幽栏独倚

勒红的莲花

深绿的荷盖

缟白的衣裳!

【读写联通】

课文片段:

《春》片段:桃树、杏树、梨树,你不让我,我不让你,都开满了花赶趟儿。红的像火,粉的像霞,白的像雪。花里带着甜味儿;闭了眼,树上仿佛已经满是桃儿、杏儿、梨儿。花下成千成百的蜜蜂嗡嗡地闹着,大小的蝴蝶飞来飞去。野花遍地是:杂样儿,有名字的,没名字的,散在草丛里,像眼睛,像星星,还眨呀眨的。

《秋天的怀念》片段:又是秋天,妹妹推着我去北海看了菊花。黄色的花淡雅,白色的花高洁,紫红色的花热烈而深沉,泼泼洒洒,秋风中正开得烂漫。我懂得母亲没有说完的话。妹妹也懂。我俩在一块儿,要好好儿活……

《雨的四季》片段:春天,树叶开始闪出黄青,花苞轻轻地在风中摆动,似乎还带着一种冬天的昏黄。可是只要经过一场春雨的洗淋,那种颜色和神态是难以想象的。每一棵树仿佛都睁开特别明亮的眼睛。树枝的手臂也顿时柔软了,而那萌发的叶子,简直就像起伏着一层绿茵茵的波浪。水珠子从花苞里滴下来,比少女的眼泪还娇媚……呼吸变得畅快,空气里像有无数芳甜的果子,在诱惑着鼻子和嘴唇。真的,只有这一场雨,才完全驱走了冬天,才使世界改变了姿容。

写作技巧点拨

一、学会分解观察对象

生动不是言辞方面的问题。生动的核心是具体,只有写具体才能生动。写出生动描写片段的两大诀窍是把瞬间发生的事展开来,把综合性的事情分解开来。写花也是如此。朱自清写花,把花之形(开满了花赶趟儿)、花之色(红的像火,粉的像霞,白的像雪)、花之味(花里带着甜味)分别写了出来。刘湛秋写花,则依次写出"每一棵树""树枝的手臂""萌发的叶子""花苞",由总到分,依次看过来,分别描绘出来。冰心写荷花,也是分别写出了"勒红的莲花,深绿的荷盖,缟白的衣裳"。史铁生写花,分别写出了黄色、白色、紫红等多种色彩的菊花。学会了分解观察对象,就能抓住事物不同侧面的特点,这样在写花时,就不会只把花看成朦胧的整体,而说不出她的美来了。

二、学会移情于"花"

人与人,人与物,都有共同之点,所以他们都有互相感通之点。"移情作用"是把自己的情感移到外物身上去,仿佛觉着外物也有同样的情感。朱自清和刘湛秋文中的花,都承载着对春天、对生活的热爱。史铁生眼中的菊花在"秋风中正开得烂漫",寄托着母亲的希望:无论遭遇怎样的厄运,无论选择什么样的人生之路,都要活得坚韧,活出尊严,活出自我生命的个性与美丽。冰心笔下,"成功的花",曾"浸透了奋斗的泪泉,洒遍了牺牲的血雨";"小小的花",让她不由得感谢母亲"深厚的恩慈";"墙角的花",在"孤芳自赏时,天地便小了"。成长中的喜怒哀乐,往往会在看花时不由地抒发出来。在观察花草树木时,要学会把自己的情感移注到"物"上。

三、学会"言情"技巧

观察事物,抒发情感,二者之间的"桥梁"就是修辞。为了巧妙"言情",增强表达效果,有多种修辞手法可用。可比喻,如"红的像火,粉的像霞,白的像雪",如"那萌发的叶子,简直就像起伏着一层绿茵茵的波浪";可拟人,如"树枝的手臂也顿时柔软了",如"比少女的眼泪还娇媚";可排比,如"黄色的花淡雅,白色的花高洁,紫红色的花热烈而深沉",如"幽栏独倚,勒红的莲花,深绿的荷盖,缙白的衣裳"。除了运用修辞手法,还可以调动想象,如"闭了眼,树上仿佛已经满是桃儿、杏儿、梨儿",如"呼吸变得畅快,空气里像有无数芳甜的果子,在诱惑着鼻子和嘴唇"。借助这些方法,就巧妙地把事物与情感联通起来,让人体会到优美的情境。

📖 文题展示

"那片笑声让我想起我的那些花儿,在我生命每个角落静静为我开着……"春光明媚。万紫千红,面对次第开放的花儿,人们往往从中获得生命的感悟。请以"那些花儿"为话题,写一篇文章。

🔍 习作示例

"醉"美郁金香

杜江涵

今天天气晴朗,我和爸爸妈妈便商量着出去玩玩。正好报纸上说秦皇河的郁金香开了,一家人便决定去一饱眼福。

"荷兰风情村"游人如织,我们决定先到南边的"花场"去瞧瞧,这里有一小部分郁金香,虽比不上那大面积的"花海",可也别有一番韵味。

白色的郁金香首先吸引了我的目光。她们一个个静静地立在那里,宛若一个个清纯的少女,大方中又有点小害羞。每一个花瓣都是那样白,那样纯洁,那样宁静,那样干净,使你都不忍心去打扰她的那份安静。那小小的鹅黄色的花蕊藏在花瓣里边,十分羞涩,又总好奇外面的世界,可惜个儿不够高,只能"望天兴叹"了。

我的目光又被那鲜艳的红色郁金香吸引了过去。跟安静的白郁金香比起来，她们可都热情奔放多了。一个个伸着小脑袋，都生怕别人看不见自己，就拼了命地长呀长。因此，我总有种红郁金香比白郁金香大的错觉。那热情的红郁金香都争着说："快来看看我！我多漂亮呀！"就连她们的花蕊也不示弱，比白色郁金香的要大。她们在清风中舞动着腰身，争相展示着自己的靓丽风范。

桥北的"风语花田"真可谓"花山花海"！各色各样的郁金香，像一个个美丽的少女，出落得格外漂亮。她们的衣裳样式别致，洋溢着不同的芬芳，有可爱的粉、开朗的黄、活泼的橙、高贵的紫……我最喜欢的，还是那种粉白相间的郁金香。

她们身着白色的连衣裙，上边却还有些可爱的粉色。上粉下白，两种颜色配合起来，清新中不失高雅，宁静中还有可爱。郁金香们亭亭玉立，像一个个天真无邪的小孩子，心中装满了纯洁与灵动，争先恐后，竞相开出最美的自己。她们时而窃窃私语，时而笑弯了腰，顽皮得很哟！

顺着人海往前走，哇！那真叫一个花的海洋呀！成千上万朵花交织在一起，那美景真让人心旷神怡。深吸一口气，那花香沁人心脾，各种各样美丽的郁金香交织在一起，构成了一幅非常美丽的画卷，真让我感觉"何似在仙境"啊！那边一片火红的热情，这边又一片紫色的高贵；那边一片粉色的可爱，这边又一片白色的纯洁；那边一片橙色的光芒，这边又一片黄色的芬芳……

我们争相拿起相机，"跳"进花海，浸润着花的芳香，整个人深深地"醉"了！

【曹老师点评】

万紫千红总是春。面对似锦的繁花，人们往往不知怎样着笔，小作者从多彩郁金香中，把白色、红色和粉色的提取出来，用特写镜头来呈现，其他色彩的花，则用一个排比句带过。小作者也是移情于物的高手。在她笔下，拟人手法写出了郁金香的情态：白郁金香"十分羞涩，又总好奇外面的世界"；红色郁金香"在清风中舞动着腰身，争相展示着自己的靓丽风范"；粉色郁金香"清新中不失高雅，宁静中还有可爱"。

课　评

为有源头活水来
——评曹静《跟〈春〉〈雨的四季〉〈秋天的怀念〉〈繁星〉〈春水〉学写花》

孙秋备

《义务教育语文课程标准（2018年版）》提出，"写作能力是语文素养的综合体现"。潘新和教授则进一步认为，写作是语文教育的主要目的，是语文课程的核心与龙头，语文教学应"指向写作"，以提高学生言语表现、写作素养、能力为归宿。可见，在日常的语文教学中，应把提高学生的写作能力置于重要地位，且一以贯之。但是，仅靠语文教材中的"写作"板块来指导和训练学生的写作技能，进而提升其语文素养，肯定是远远不够的。很多有思想、有创新力的语文教师，从课本、生活、实践活动等多个渠道开掘写作的"源头"，建立写作序列，为困于写作而苦恼的学生和同仁引来了汩汩"活水"。

曹静老师就是投身于写作研究而孜孜不倦进行探索的躬耕者之一。多年来，她执着地行走在写作教学的田野中，"跟课文学写作"研究已结出累累硕果。研习她的这堂课，受益颇多，浅析如下。

一、立足"表达"，编组群文

叶圣陶先生说：教材无非是个例子。用好这个"例子"，可以对学生进行阅读训练和写作训练。教材中所选的文章,都是经过岁月淘洗后闪烁着光芒的经典。无疑,这些经典经得起多角度、多层级的开掘和利用。但是,日常教学中,很多老师往往就课文讲课文,就写作练写作。即使阅读教学中有读写结合的影子,也常常是句子的填空或仿写,不能真正发挥课文的"写作范例"这一作用。曹静老师深读课文,敏锐地察觉到各个文本中的写作元素,确立"跟课文学写作"的课堂理念,并从单篇的解析仿写逐渐走向编组多文本进行学用创写。

互文理论认为,每一个文本都是其他文本的镜子,文本之间有关联性和参照性。基于这一理论,可以把写作方法相同的多个文本放在一起相互支撑、印证,也可以选择同一角度不同写法的多个文本,形成互补或对照,让学生发现规律,学用写作技法。这堂课,曹静老师运用"求同法",着眼描写技法,编组课内外多个文本,使之构成写作视域下的阅读场。学生在认知、印证、强化的过程中,自然而然地把描写的相关技法内化于心。

二、聚焦"转化",开掘路径

优秀的文本包含丰富的写作技法,但是,这些技法常常以隐性的方式天然地存在着。语文教学的价值就在于通过教师的解读和设计,把这些技法转化为学生易于接受、乐于接受的教学内容,显性地呈现出来,让学生主动学习。"写作文"之所以成为学生"三怕"之首,原因有多种,其中之一是教师不善于教、不能把文本中的写作技法转化为易学易用的写作范式。

潘新和教授说,教师的教学智慧、能力集中体现在"转化力"上,即借助读、写、听、说以及各种语文活动与教学方法,使知、情、意、能等写作素养转化为学生的素养。在这一课的教学中,曹静老师的"转化力"体现在三条写作路径的开掘上:学会分解观察对象、学会移情于"花"、学会"言情"技巧。

这三条路径,具体而实用,并且呈现出由低到高的三个能力等级。分解是技术层级,移情是情感层级,言情则是能力层级。每个层级都用课文做示例,提炼出具体的实施措施,其中展现出曹静老师敏锐的发现力和超强的创造力。善于定格文本中灵感火花闪现的瞬间,把文中隐性的思考、默会的表达,及时转化为显性的写作知识,这是一节成功的写作课中教师应该具备的素养和智慧。毋庸置疑,曹静老师是个中高手。

三、着眼"学用",构建序列

开发文本的写作资源,可以极大地丰富学生的语文经验。所谓"语文经验"是指学生在语文学习中所积累的范文、语感、语识、语式、措辞以及其他语言表达的经验。基于这样的认知,曹静老师一直致力于跟课文学写作的研究,其课例着眼"学用",写作训练点逐渐显现出序列化:词语的积累、句子的学用、句段的学习、篇章结构的学习、风格意识的形成等,在阅读和写作之间架起一座座桥梁,最大化地发掘文本的教学价值,让学生进入创造性学用的深度学习。

这堂课,是曹静老师写作序列中"学习篇章结构"案例。其呈现形式由五个部分组成:教学缘起、阅读准备、写作技巧点拨、文题示例、习作示例。为什么教,教什么,怎么教,教得怎样,都在课例中清晰地展现出来。这样的课例架构,不但彰显着执教者教得清醒学生才能学得透彻的教学理念,而且也为课例研读者提供一个拿来可用的课堂范例。相信每一位读者,看到曹静老师的课例都会产生在自己课堂中试一试的念头,这也是课例内部序列化、逻辑性较强的结果。

王君老师说,对于语文教学而言,为了尽最大的可能实现写作"可教"的部分,让写作教学在某种程度上"看得见",我们就需要为学生寻找和创造相应的抓手。创造性地开掘文本资源,给学生以真实的写作帮助,让课文成为写作的源头活水,需要教师自主开发教材、创造教材的勇气和智慧。在这方面,曹静老师已然是先行者,是我们学习和追随的榜样。

（孙秋备,王君青春语文工作室成员,许昌市襄城县初中语文教研员。河南省教学标兵,河南省优质课一等奖获得者。）

跟《再塑生命的人》《从百草园到三味书屋》学写人物特点

教　材	部编版教材七年级上册第三单元
篇　目	《再塑生命的人》《从百草园到三味书屋》
写作知识	"叙事+描写+'我'的感受"的写人结构支架

教学缘起

《写人要抓住特点》是部编版教材七年级上册第三单元的写作训练。如何写出人物特点，通常我们会关注文章中的描写。如本单元《从百草园到三味书屋》中寿镜吾老先生的外貌描写和读书时的动作描写。然而，只有描写是不够的，还需要写作框架。经过反复推敲，我发现《从百草园到三味书屋》和《再塑生命的人》都是写老师的，学生从一组精选的段落中就能发现相似点，习得写作的框架，写出人物的特点。

教师解读

文段一：莎莉文老师教我学"doll"

　　第二天早晨，莎莉文老师带我到她的房间，给了我一个布娃娃。后来我才知道，那是柏金斯盲人学校的学生赠送的。衣服是由年老的萝拉亲手缝制的。我玩了一会儿布娃娃。//莎莉文小姐拉起我的手,在手掌上慢慢地拼写"doll"这个词,这个举动让我对手指游戏产生了兴趣,并且模仿着在她手上画。// 当我最后能正确地拼写这个词时,我自豪极了,高兴得脸都涨红了,立即跑下楼去,找到母亲,拼写给她看。

——《再塑生命的人》

文段二:莎莉文老师教我认识"水"

我们沿着小路散步到井房,房顶上盛开的金银花芬芳扑鼻。// 莎莉文老师把我的一只手放在喷水口下,一股清凉的水在我手上流过。她在我的另一只手上拼写"water"——"水",起先写得很慢,第二遍就写得快一些。我静静地站着,注意她手指的动作。// 突然间,我恍然大悟,有一种神奇的感觉在我脑中激荡,我一下子理解了语言文字的奥秘了,知道了"水"这个词就是指正在我手上流过的这种清凉而奇妙的东西。

——《再塑生命的人》

文段三:"我"问先生怪哉虫

不知从那里①听来的,东方朔也很渊博,他认识一种虫,名曰"怪哉",冤气所化,用酒一浇,就消释了。我很想详细地知道这故事,但阿长是不知道的,因为她毕竟不渊博。现在得到机会了,可以问先生。//

"先生,'怪哉'这虫,是怎么一回事?……"我上了生书,将要退下来的时候,赶忙问。

"不知道!"他似乎很不高兴,脸上还有怒色了。//

我才知道做学生是不应该问这些事的,只要读书,因为他是渊博的宿儒,决不至于不知道,所谓不知道者,乃是不愿意说。年纪

---

① "那里"现在写作"哪里"。

比我大的人,往往如此,我遇见过好几回了。

——《从百草园到三味书屋》

写人要抓住特点,要选取典型事件,抓住事件关键处的细节着力刻画,综合运用多种表达方式,形成合力,突出人物特点。

一、语段仿构:叙述+描写+"我"的感受

我们把以上片段,各分为三个层次,用"//"标清。

文段一中,第一层以叙述为主,讲了莎莉文老师给我一个洋娃娃。第二层以描写为主,写莎莉文老师教我拼写"doll"这个单词。第三个层次写的是"我"的感受,"自豪""高兴"这些词语写出了我获得知识的快乐心情。

文段一:莎莉文老师教我学"doll"

- 第二天早晨,莎莉文老师带我到她的房间,给了我一个布娃娃。后来我才知道,那是柏金斯盲人学校的学生赠送的。衣服是由年老的萝拉亲手缝制的。我玩了一会儿布娃娃。(**叙述**)
- 莎莉文小姐拉起我的手,在手掌上慢慢地拼写"doll"这个词,这个举动让我对手指游戏产生了兴趣,并且模仿着在她手上画。(**描写**)
- 当我最后能正确地拼写这个词时,我自豪极了,高兴得脸都涨红了,立即跑下楼去,找到母亲,拼写给她看。(**"我"的感受**)

文段二中,第一层交代我们散步到井房,第二层描写莎莉文老师如何教我认识水,第三层写"我"一下子理解了语言文字的奥秘了。

文段二:莎莉文老师教我认识"水"

- 我们沿着小路散步到井房,房顶上盛开的金银花芬芳扑鼻。(叙述)

- 莎莉文老师把我的一只手放在喷水口下,一股清凉的水在我手上流过。她在我的另一只手上拼写"water"——"水",起先写得很慢,第二遍就写得快一些。我静静地站着,注意她手指的动作。(描写)

- 突然间,我恍然大悟,有一种神奇的感觉在我脑中激荡,我一下子理解了语言文字的奥秘了,知道了"水"这个词就是指正在我手上流过的这种清凉而奇妙的东西。("我"的感受)

文段三中,第一层叙述"我"问怪哉虫的缘由,第二层是"我"和先生的对话描写,第三层"我"由请教先生被拒而反思自己的问题是否妥帖。

文段三:"我"问先生怪哉虫

- 不知从那里听来的,东方朔也很渊博,他认识一种虫,名曰"怪哉",冤气所化,用酒一浇,就消释了。我很想详细地知道这故事,但阿长是不知道的,因为她毕竟不渊博。现在得到机会了,可以问先生。(叙述)

- "先生,'怪哉'这虫,是怎么一回事?……"我上了生书,将要退下来的时候,赶忙问。

- "不知道!"他似乎很不高兴,脸上还有怒色了。(描写)

- 我才知道做学生是不应该问这些事的,只要读

书,因为他是渊博的宿儒,决不至于不知道,所
谓不知道者,乃是不愿意说。年纪比我大的人,
往往如此,我遇见过好几回了。("我"的感受)

三个片段,出自不同的文章,却有着相似的结构,都是先叙述,交代事情
的起因,再对老师的言行进行细致的描写,最后写出自己的感受。这样,叙
述、描写和议论等多种表达方式,有序组合,聚焦人物,突出其特点。

"叙述+描写+'我'的感受",这种段落结构方式,简洁明了,即使是基础
一般的学生,也觉得易懂易学。

二、细节刻画:抓住典型事件的关键处展开描写

要想突出人物特点,就要选取典型事件。在《再塑生命的人》中,海伦·
凯勒视莎莉文老师为启示世间真理,给她深切爱的人。莎莉文老师教她第
一个单词"doll",让她体会到获得知识的快乐心情;教她认识"水",让她理解
了语言文字的奥秘。这些海伦·凯勒生命中的关键事件,无一不是为了突
出莎莉文老师是"那个来对我启示世间的真理、给我深切的爱的人"。《从百
草园到三味书屋》中,问"怪哉"虫而不得,恰巧表现了作者对先生博学的仰
慕之情,即使没有得到满意的回答,也不由得回来自我反思。

要想突出人物特点,还要抓住事件的关键处展开细致描写。针对海伦·
凯勒这个特殊的学生,莎莉文老师采用了特殊的教学方法。课文中对莎莉
文老师的动作做了细致描写,如教海伦认识"doll"这个单词,"拉起""慢慢地
拼写"等,其中的"拉起"写出了特别亲切的感觉,"慢慢地拼写"则表现了莎
莉文老师的耐心和细心。莎莉文老师把海伦的手"放在喷水口下","写得很
慢""写得快一些"这些细节更是把爱传递给了海伦。另外,"我"与寿镜吾
老先生的对话描写,颇有画面感,一问一答,妙趣横生。

文题展示

请你选择熟悉的一个人,写一段 200 字左右的片段,要求用"叙述+描写+'我'的感受"的结构方式。比如,写一写班主任高老师。

习作示例

精益求精的高老师

牛鲁湘

又遇到不会的题了,我冥思苦想了半天,我终究也没找出一点头绪。没办法,问老师去!我挠了挠后脑勺,懊恼地拿起了书,准备追上老师问问。

"老师,这道题该怎么解?"老师正要走出教室,听到我的声音,便停下了急匆匆的脚步,拿起了我的课本,皱了皱眉。接着他一边滔滔不绝地讲了起来,手也在草稿纸上接连不断地写着。不一会儿,密密麻麻的字便覆盖了大半张纸。

他的眉头稍稍舒缓了些:"懂了吗?"

"嗯,懂了。"我舒了一口气,说道。

但事情并未就此结束,老师拿着我的课本向前翻了几页,接着便看到了我的"错题大军"。老师便把我错的题都梳理了一遍。

"不懂就要多问。"老师扣上书,急急忙忙地走了。

我便有了一种恍然大悟的感觉,对高老师的佩服便油然而生了。

【曹老师点评】

牛鲁湘截取了课间问老师数学题的一件小事。文中写了老师讲题的动作、神态,以及简洁的话语,这些都尽显一位尽职尽责、热爱学生的好老师形象。翻看以前错题一并讲解的细节,真实而动人。结尾的"我"的感受,写来水到渠成。

"古怪"的高老师

段鹏宇

不知怎的,听高老师以前教过的一个哥哥说,不要学高老师说话,他说话的方式特别古怪,是一般老师学不来的。哥哥对我说了以后,我就十分渴望上高老师的课,看看到底是怎么古怪法。

"同学们,今天我们来学方程去分母,好,让我们来看一下这个方程怎么去,三——点——一四,乘以五分之——八等于……。"这时我在台下心想,果然是一个古怪的老师。

时间长了,我偏偏爱上了高老师这古怪的说话方式,好像听着他拖着长音讲数学题,我们上课才会觉得津津有味。

【曹老师点评】

段鹏宇先用学长的话吊起了大家的胃口,让读者都期待坐进高老师的教室,听听他讲课是怎么古怪法。读段鹏宇的作文第二段,让人一下子联想到三味书屋里的寿镜吾老先生。拖着长音讲课,是高老师独特的讲课方式。结尾处写到自己"偏偏爱上了"这种古怪的方式,上课觉得"津津有味"。

课 评

慧眼觅样例就地取材,慧心思范式搭建支架

——评曹静《跟〈再塑生命的人〉〈从百草园到三味书屋〉学写人物特点》

熊 幸

《写人要抓住特点》是部编版教材七年级上册第三单元的写作训练,曹

静老师立足于单元写作重点,设计了这一节写好人物特点的片段写作训练课。这看似简单的一节课,其实暗含着曹静老师的许多设计小心思,体现出设计者的慧眼和慧心。

一、慧眼觅样例就地取材

1.研究教材,完善教材

部编版教材的单元写作设计有具体的方法指引。就以七年级上册第三单元为例,方法指引明确写人,首先要学会细心观察,抓住人物的特点;其次要展开具体的描写;最后要把人放在事件中写,要选择能表现人物特征的事来写。这三种方法中,第一种提供了素材给学生进行观察训练,鲁迅和爱因斯坦的漫画和照片的特征一望而知。第二种指引清晰,例子具体,学生也可以看懂。第三种学生看了能明白要选择能表现人物特征的事来写,但该如何写? 没有指引,而这恰恰是学生的难点,于是曹静老师就把这节写作课的设计重点放在了指导学生通过具体的事写出人物特征上。

2.结合单元内容,就地取材

部编版教材七年级上册的第三单元只有两篇现代文,分别是《从百草园到三味书屋》和《再塑生命的人》,这两篇文章都是写老师的,所以,曹静老师直接就选取这两篇文章中写老师的具体事例,用来引领学生学习如何写出人物的特征。跟着课文学写作,是比较省时、省力的学习写作的方法。学生对课文的主题和内容都比较熟悉,不用额外花时间去阅读提炼,而且能选进课本的文章都是文质兼美的,模仿借鉴的价值比较高。顺便提一下,曹静老师在这方面研究了比较长的时间,已经形成了一系列的研究课例。

3.练写结合,置换片段写作内容

单元写作的第一题是片段写作,要求写一位熟悉的同学,200字左右。因为前面的训练选取的都是写老师的片段,曹静老师就把写同学改为写熟悉的一个人,推荐写学生最熟悉的班主任。这个改动让学生的练与写结合得更加紧密,看别人如何写老师,再迁移到如何写自己的老师,顺理成章。

二、慧心思范式搭建支架

1.反复推敲定范式

如何更好地引领学生写出人物的特征呢?曹静老师经过反复推敲,从《从百草园到三味书屋》和《再塑生命的人》里精选了三个段落,提炼写出人物特征的写作范式:叙述+描写+"我"的感受。这三个片段分别是:莎莉文老师教我学"doll";莎莉文老师教我认识"水";"我"问先生怪哉虫。我们现在看这三个片段的整合,全部都是按照"叙述+描写+'我'的感受"这种范式来写的,感觉得来全不费功夫。但是,这三个片段淹没在文章里面的时候,没有曹静老师的苦思冥想、反复琢磨,又怎么可能将它们提炼出来呢?为了能给学生搭建支架,让写作变得轻松,曹静老师有慧心,善思考,这样找到的范式越简单,学生越容易掌握,效果就越好。

2.步步为营搭支架

对于学生本单元的写作训练的难点和重点老师都心中有数了,这还不够,老师懂不等于学生懂。如何让学生能习得这种方法并灵活运用呢?曹静老师并没有直接告诉学生她的发现,而是设计训练让学生自己去发现这个规律。学习金字塔显示,单靠听讲学习内容仅能留存5%,靠实践则可以留存75%。可见学生实践有利于更好地掌握所学的内容。

首先,提供文段,让学生分层。

老师提供三个文段:莎莉文老师教我学"doll";莎莉文老师教我认识"水";"我"问先生怪哉虫。让学生将它们各分为三个层次,然后带领学生分析各个层次。以莎莉文老师教我学"doll"为例,第一层以叙述为主,讲了莎莉文老师给我一个洋娃娃。第二层以描写为主,写莎莉文老师如何教我拼写"doll"这个单词。第三个层次写的是"我"的感受,"自豪""高兴"这些词语写出了我获得知识的快乐心情。因为这三个文段是相似的结构,都是先叙述,交代事情的起因,再对老师的言行进行细致的描写,最后写出自己的感受。学生在第一个文段发现这样的分层规律后,会在第二个第三个文段进行印证,分层变得轻松,对这几个文段的结构印象也会更加深刻。

其次,侧重细节刻画,抓住典型事件的关键处展开描写。

学生对范式有所了解后,老师抓住关键点细化指导,让学生一步步领会细节描写的关键。这三个文段的描写侧重点不同,海伦·凯勒是盲人,也听不到声音,只能通过触觉感受莎莉文老师的动作,所以两个文段的细节描写都是动作描写。鲁迅是问老师问题,所以师生对话用了语言描写。引导学生理解关键点的细节描写要根据具体的场景所需而定。

最后,利用提炼的范式,进行语段仿构训练。

师生共同提炼出"叙述+描写+'我'的感受"这样的范式后,曹静老师布置学生按这样的范式进行练笔。这样写出来的文段,既可以将叙述、描写和议论等多种表达方式有序组合在一起,还可以聚焦人物,突出人物特点,一举两得。

就这样,学生就顺着老师搭建的写作框架,一步步地达成训练的目的。从学生的习作我们可以看到,学生有意识地运用了这种范式,写出了班主任高老师的特点。

虽然这只是一次片段写作训练,但它解决了写人文章最核心的问题,所以我们可以推断,在此后的写人作文里,学生肯定也会运用所学的方法,写出人物的特点的。

(熊幸,广州市番禺区洛溪新城中学语文老师,王君青春语文名师工作室成员,语文湿地栖居者,与湿地中的花儿草儿一起自生长,共生长。)

跟《谈创造性思维》《创造宣言》学论证要合理

教　材	部编版教材九年级上册第五单元
篇　目	《谈创造性思维》《创造宣言》
写作知识	学习阐发观点与材料的关系

教学缘起

论证要合理是部编版教材九年级上册第五单元的写作训练。文中提到合理的论证,要求选用恰切的论据,运用恰当的论证方法,准确阐发论据与观点间的逻辑关系。其中,准确阐发论据与观点间的关系,是教学的难点。

余映潮老师在《读法示例　化解难点》一文中,提到"读法示例"是教师在解决某个教学难点时,利用课文上或者非课文上的语言材料示范自己的阅读方法,从而让学生学用这种方法进行课文阅读。本单元的两文《谈创造性思维》《创造宣言》,或观点不够明确,或结构不够清晰,然而在文章片段中论据的使用方面却比较规范。因此,我把这两篇文章作为论据仓库,而以课外的阅读资料进行读法示例,来化解教学难点。

课文:《谈创造性思维》《创造宣言》　阅读材料:《贵在独创》

教学过程

第一课时

一、温故知新，提炼论证要点

师：我们在学习议论文之前，就把三篇议论文的知识短文做了梳理。还记得论证要合理讲了哪几点吗？

生回答，教师在屏幕上展示要点。

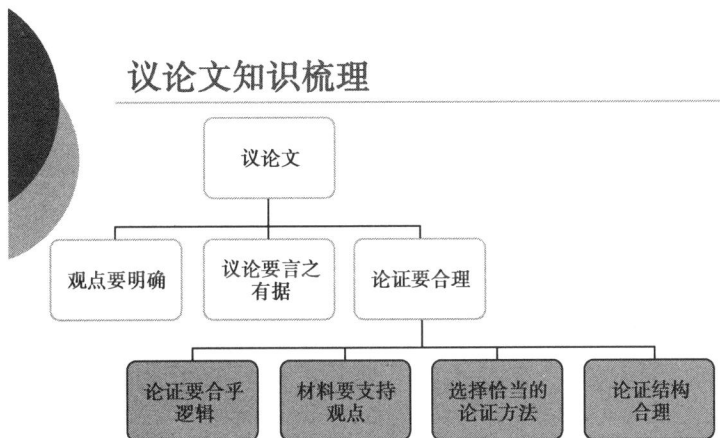

二、梳理材料，概括事实论据

学生分发阅读材料《贵在独创》（后附原文）。

【屏幕展示】

思考：

1.文章的论点是什么？

2.作者在文中用哪些材料证明论点？请用简洁的语言分条概括。

生：本文的中心论点是最后一句：独创可贵，贵在创新。

师：观点一般出现在文章的题目、开篇或结尾。这篇文章的题目是观点、结尾与题目呼应起来。那这几个事例怎么概括呢？

生：第一个事例是刘超收集邮票上的帽子。

师：刘超收集的是帽子，还是邮票？你再仔细读一读。

生：是邮票。那就改成"刘超收集跟帽子有关的邮票"。

师：这样讲就通顺啦。

生：第二个事例是何占豪与同学陈刚一起写出了小提琴协奏曲《梁祝》。

师：你找到了第五段里的一句话，直接引用过来了。

生：第四个材料是在众多的画家中，徐悲鸿的马、黄胄的驴、齐白石的虾、李可染的牛，也是由于富有独创精神，自成一家，别树一帜。

师：你也直接引用过来了。可以再简练一些吗？

生：徐悲鸿、黄胄等画家，也是由于富有独创精神，自成一家，别树一帜。

师：这样好多了。第三个事例怎么概括呢？我刚才看到有个同学只写了"四大名旦"四个字，这样概括行不行？

生：不行。概括事例应该写清楚"谁+做了什么"。这一则可以这样概括："四大名旦"各自成为一大流派，成功的缘由同样是"独创"两个字。

师：我们把四则材料放在一起，你发现前两个和后两个的概括有什么不同？

①刘超收集跟帽子有关的邮票。

②何占豪与同学陈刚一起写出了小提琴协奏曲《梁祝》。

③徐悲鸿、黄胄等画家，也是由于富有独创精神，自成一家，别树一帜。

④"四大名旦"各自成为一大流派，成功的缘由同样是"独创"两个字。

生：后两则都有"独创"。前两则没有提到，只是概括事例。

师：其实，使用事实论据时，不需要详细记叙事件本身，而要通过概括叙

　　述以及对论据的分析,建立起材料与观点的关系。也就是说,在概括事例时,要突出论点。我们怎么修改呢?

生:刘超善于思索,善于创新,收集关于帽子的邮票。

生:刘超独具慧眼,收集关于帽子的邮票。

师:同学们添加的词语,都是从文章里摘出来的,可见你们在使用事实论据时,都注意建立材料与观点的关系。

生:第二个事例就可以这样概括:何占豪把越剧跟小提琴结合起来,创一代之新,写出了小提琴协奏曲《梁祝》。

师:经过刚才的讨论,我们明确了概括事实论据不仅要把事件说清楚,还要注意建立材料与观点的关系。

三、比较异同,理解材料与观点的关系

【屏幕展示】

比较四则材料的异同

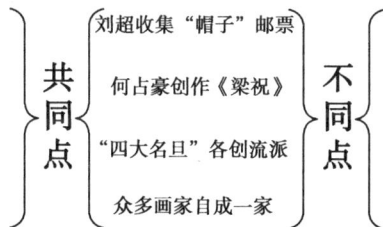

共同点 { 刘超收集"帽子"邮票 / 何占豪创作《梁祝》 / "四大名旦"各创流派 / 众多画家自成一家 } 不同点

师:这四则材料有什么相同点?

生:这四则材料都是关于独创的。

师:本文的中心论点就是独创可贵,贵在创新。也就是说这四则材料都与观点保持一致。

生:都是运用了举例论证的方法。

师:这四则材料有什么不同点吗?

生：刘超是集邮爱好者，何占豪是音乐家，"四大名旦"是京剧表演艺术家，徐悲鸿、黄胄等是画家。这些人的身份不同。

师：为什么选用不同身份的人的事例呢？

生：这可以证明，不同行业、不同身份的人都会有创新的经历。

师：论据是用来证明论点的，要和论点有必然、合理、充分的联系。这篇文章，事实论据充足，突出观点。

生：我发现另一个不同点，刘超的事例是他专注于收集有关帽子的邮票，何占豪的例子则是把两个越剧和小提琴联系起来。

师：你的发现很有价值！你发现了创新的两种方式！在太阳下使用放大镜，会发生什么？

生：会聚集热量，把下面的东西烧着。

师：这就是刘超的创新方式——聚焦。何占豪的方式，我们也可以用两个字概括，就是"组合"。看来作者的选材是围绕着观点选择有代表性的材料的。还有哪些不同之处呢？

生：我还发现前两件事写得详细，后两件事写得简略。

师：按照常理说，后面两则材料写的是名家，材料会更有说服力啊。为什么作者反而略写了名家，而详写了刘超和何占豪的事例呢？我们再细细地读一下。

生：刘超是一个集邮爱好者，他的经历可能更有说服力。

生：何占豪创作《梁祝》之前，也还只是上海音乐学院小提琴专业的一名学生。

师：这两个普通人的例子更能让读者信服。我们把阅读材料折起来，把第三段藏起来可以吗？

生折叠阅读材料。

生：这样不行，没有这一段，就没法读出刘超的独创性啊。

师：也就是说，除了选择充足的论据来证明观点之外，我们还要通过必要的分析、阐述,使读者明白观点与材料之间的关系啊。

第二课时

四、阅读课文,为《贵在独创》补充论据

【屏幕展示】

> 阅读《谈创造性思维》《创造宣言》
>
> ○ 请摘录这两篇文章里的句子,为《贵在独创》补充论据。
>
> ○ 1.事实论据:
> ○ 2.道理论据:

生:谷登堡把葡萄压榨机和硬币打制器组合起来,发明了印刷机和排版术。这个例子和何占豪的事例很接近,也是组合的方式。

师:这两个例子有一点点不同,谁能发现?

生:一个是中国的例子,一个是外国的例子。

师:创新真是无处不在啊。

生:罗兰·布歇内尔把电视接收器作为实验对象,发明了交互式电子游戏。这和刘超的例子接近,因为他们一个是收集邮票,一个是在看电视,他们都在很普通的事情里有了新的发现,并取得了成就。

师:你的角度很独特!你能不能再为文章补充一则道理论据?

生:"富于创造力的人,认为自己具有创造力;缺乏创造力的人,不认为自己具有创造力。"这句话可以作为道理论据,补充到刘超的事例后面。

生:"这种非凡的灵感,往往产生于这样的过程:关注极其普通,甚至一闪念的想法,并对它反复推敲,逐渐充实。"这个可以补充到何占豪的事例后面。

师：是的。老师也有这种体会，有时可能是临睡前或者早上醒来时，忽然就有一个新的教学创意，我就把它记下来，如果不记下来，以后可能就不会再与它相遇了。

生："拥有创造力的人留意自己细小的想法。即使他们不知道将来会产生怎样的结果，但他们很清楚，小的创意会打开大的突破口，并坚信自己一定能使之成为现实。"这句话我觉得可以补充到刘超的事例之后。

师：是不是也可以补充到何占豪的事例之后？

生：可以的。

师：《创造宣言》里有句话："点滴的创造固不如整体的创造，但不要轻视点滴的创造而不为，呆望着大创造从天而降。"这句话也告诉我们创新的真谛。

生："当英雄无用武之地，他除了大无畏之斧，还得有智慧之剑，金刚之信念与意志，才能开出一条生路。"这句话可以补充到《贵在独创》的结尾部分。

文题展示

作业：阅读以下材料，谈谈你的看法，力求用上课文里的材料，200字左右。

○ 材料一：近几年，随着智能手机的普及，各种实用的移动端软件也应运而生，针对学生群体的多款作业软件也异军突起。因其强大的自动解题功能，受到学生的追捧。不少学生将"帮做作业"软件视为一种快捷的学习方式。

○ 材料二："作业帮、大眼作业、作业通、问他作业、学霸君"……只要从手机应用商店搜索"作业"两个字，就能找到十几个解题的软件。"10个伙伴9个都在用；拍照搜题，秒出答案；作文搜索，高分作文随手拈来。"

○ 材料三：据一位九年级学生小华说，他们班大部分有智能手机的同学都下载了这些作业软件，只要拿起手机对着题目拍个照，上传上去，快的话几分钟内就可寻求到最佳的解题方案。用软件来做作业也成为时下学生交流的方式。

习作示例

梅诗涵习作片段

如今科技越来越发达,手机上出现了许多帮助写作业的软件。这些软件看上去有助于我们的学习,但当我们使用时,却不是在思考,没有什么创新。所以,一味地依靠这些软件来寻求正确答案,会使自己逐渐失去思考的能力,失去创新精神。

美国实业家罗迦·费·因格在《谈创造性思维》里面说过"正确的答案只有一个",这种思维模式,在我们头脑中不知不觉地根深蒂固。在你做数学题时,也许正确的结果只有一个,但可能会有多种解法,我们通过自己的思考也能找到新的解法。

谷登堡把葡萄压榨机和硬币打制器结合起来,由此发明了印刷机和排版术;罗兰·布歇内尔,把电视接收器作为实验对象,发明了交互式的乒乓球电子游戏。这些例子都说明了只有通过自己的思考,才能创造出独一无二的东西。照搬别人的东西,只会让自己的大脑退化。

所以,我们要通过自己的思考,创造出属于自己的独一无二的东西。

阅读材料

贵在独创

叶永烈

我从小喜欢集邮。我看见邮票,就从信封上剪下来,贴到我的集邮本上。据说，像我这样的中国的集邮迷，已经多达三亿人。

在众多的集邮爱好者之中，北京的刘超是特殊的一位。他不是泛泛地收集邮票，而是把目光投向邮票上的帽子。比如，"中国古代科学家"邮票中李时珍戴的帽子；"八一"纪念邮票的中国人民解放军海、陆、空军戴的帽子；关汉卿纪念邮票上关汉卿的帽子；"中国人民志愿军凯旋归国"纪念邮票上志愿军战士的帽子；杜甫纪念邮票上杜甫的帽子；儿童特种邮票那12个孩子戴着12种不同式样的帽子……他专门收藏这些跟帽子有关的邮票，接着他去查阅资料，去请教历史学家、戏剧家、文学家，深入研究帽子，透过邮票这小小的窗口，让人们看到了中国帽子的演变史！他举办了《新中国邮票上的帽子》专题邮展，引起参观者莫大的兴趣。

我所感兴趣的不在于这邮展本身，而在于刘超独创的视角：他展出的邮票，都是普普通通的邮票，然而独具慧眼的他吹响了"帽子"邮票的"集结号"，产生了平中出奇、凡中显异的效果，成为三亿集邮爱好者中唯一的"帽子邮票专家"。他异彩耀人，一举荣获"中华全国邮票展览"银质奖！刘超出奇制胜，给了收藏迷们以深刻的启示，不要忙忙碌碌于收与藏，还要善于思索，善于创新，善于想出不同于众的新点子。

从刘超的"帽子"邮票，我联想起小提琴协奏曲《梁祝》。在中国，会拉小提琴的人不计其数，会哼越剧的人也数不胜数，然而青年作曲家何占豪把越剧跟小提琴结合起来，创一代之新，一炮打响，一举成功。

当时，何占豪还只是上海音乐学院小提琴专业的一名学生，还未学过作曲。他从小在浙江一个越剧团中长大，熟悉越剧。他的思想上没有什么框框，大胆把越剧与小提琴结合起来，与同学陈钢一起写出了小提琴协奏曲《梁祝》。当时，这在一般的作曲家看来，几乎是不可想象的事！然而,《梁祝》之所以会蜚声中外乐坛,就在于它耳目一新,别具风格。何占豪说:"我的创作,大的风格必须是中国的,小的风格必须是我何占豪个人的。"这句话集中体现了他的独创精神。

其实,就京剧来说,"四大名旦"——梅兰芳、程砚秋、荀慧生、尚小云,他们各自成为一大流派,成功的缘由同样是"独创"两个字。在众多的画家中,徐悲鸿的马,黄胄的驴,齐白石的虾,李可染的牛,也是由于富有独创精神,自成一家,别树一帜。

世界上最容易的事情,莫过于踩着别人的脚印走。这种因循守旧的人,就像老是围着碾子打转转一样,永远不能走别人所没有走过的路,创造别人所没有创造的东西。正因为这样,作为作家,我一直把这样的格言奉为创作原则:既不重复别人,也不重复自己。我要努力写出"人人眼中有,个个笔下无"的作品。只有敢于创一代之新,才能跨入成功之门。

哦,独创可贵,贵在创新!

课 评

守正与创新
——评《跟〈谈创造性思维〉〈创造宣言〉学论证要合理》

杨晶晶

读罢曹静老师的这堂课,不知为何,脑中浮现出那句"宁为百夫长,胜作一书生"。这句抒发书生保边卫国的壮志豪情的诗句,表达了作者对艰苦战斗这种不平凡生活的价值是有深刻思考的,他宁愿去挑战"驰骋沙场,为保卫边疆而战"这种困难的任务,也不愿做置身书斋的书生。前者非常重要,但是正因为困难，能做的、愿意做的人太少了。

曹静老师就是这样的一位迎难而上、渴望突破难点的人。

一、"雪暗凋旗画，风多杂鼓声"式的艰难与困境

写作课之难，难在一堂优质的作文课特别挑战老师的课堂驾控能力。学情随机生成，试讲和预设用处不大，引导要相机而动，需要教师具备较强的逻辑思维能力和高效的教学理念。作文课可以让优秀的老师更加光芒四射，也可以让老师的缺点无限放大，是把双刃剑。

议论文阅读课之难，难在学生普遍不太喜欢议论文。因为它缺乏文学味和感染力，议论文阅读课的"思辨"色彩比较浓，强调一种独立的阅读姿态，需要学生运用较强的逻辑思辨能力去反思质疑、思考论证。对议论文的教学倾向于理性思维的培养，用王君老师的话来说"整体气质是克制而冷静的"，"'情'控于'理'，'理'统帅着'情'"。

这堂课是难上加难的议论文写作课，是教师容易绕开的一种课型。它需要教师引导学生在议论文阅读中获得写作知识，从而形成写作能力、培养写作素养，对教师的要求极高，但是这种课往往可以更高效地培养学生的高阶思维，对学生未来的议论文写作、说理性散文写作皆大有裨益。学生步入大学、步入社会，更多的时候是在写论证性的文章，而非叙事性的文章。曹静老师在这堂课上的创新是大勇之举！

二、"宁为百夫长，胜作一书生"式的守正与创新

(一)守教材之正和写作规律之正

守正，我认为包含以下两点，守教材之正，守写作规律之正。

守教材之正，即尊重、研究、用好教材。这堂课无论是教学点的选择还是范文的选择，都做到了"守正"。曹静老师在研究教材上下了不少功夫，侧

重于单元内的语料整合。根据文本解读,她把教学目标定位在教学生掌握合理的论证上,把准确阐发论据与观点间的关系定位为本堂课的教学重难点。

守写作规律之正,即把写作知识化为写作能力,进而形成写作素养。首先,曹静老师让学生在阅读中得到写作知识,请学生找出文章论点,并在文中找出证明论点的材料。通过引导学生讨论、比较自己概括出的几条事实论据的不同,学生领悟到在议论文写作中,使用事实论据不仅要把事件写清楚,还要注意写清楚论据与观点的关系。接下来,引导学生探讨四则材料的异同,让学生感悟到要以论点为中心,需要注意借助必要的分析、阐述表达清楚论据和论点之间必然、合理、充分的联系。然后,请学生运用自己在阅读中形成的写作知识,在《谈创造性思维》《创造宣言》两文中寻找恰当内容,为《贵在独创》补充事实论据和道理论据,进而鼓励学生自行为文章补充道理论据。最后,请学生阅读材料,针对材料形成观点,并阐述观点,以写一篇议论文的方式,让学生进一步实践本堂课获得的写作知识,进而内化为自己的写作能力。

整个课堂教学过程是守写作规律之正的表现。从曹静老师展示的学生课后习作来看,课堂教学目标完成情况是很不错的。

(二)对教学活动形式、教学内容的创新

根据学生学情并坚守守正的写作教学立场的出新,是对教学活动形式、教学内容的创新。

正如曹静老师所做的,既忠实于教材又创造性使用教材、用文本整合的方式。《谈创造性思维》《创造宣言》两文作为论据仓库,让学生运用之前学到的写作论据的方法,从中寻找论据,解决实际写作问题来化解教学难点。文本成为棋子,而教师是课堂教学的"操盘手",达到了"用文本教"的高境界。曹静老师鼓励学生自行为《贵在独创》补充论据,给学生巨大的想象和联想的空间,尊重学生个性,这是基于学情、服务于学情的表现。

本堂课,有效训练了学生掌握合理论证的技能,相信学生能运用所学方法写好一篇议论文。这堂写作课,既忠实于教材又创造性地使用教材,让课堂散发着生长的气息。

(杨晶晶,重庆外国语学校中学语文高级教师,王君青春语文名师工作室成员,全国、重庆市优质课大赛一等奖获得者。)

数字增加父亲的高度

——《背影》《台阶》读写结合课教学实录与点评

教　材	人教版旧版教材八年级上册第二单元
篇　目	《台阶》《背影》
写作知识	学习数词的细节描写

教学缘起

　　《背影》和《台阶》均是人教版旧版教材八年级上册第二单元的课文。《背影》是传统课文,大家都很熟悉。但对学生来说,由于时代的变迁,可能不易引起共鸣。如何理解买橘背影中表现出的深沉父爱?《台阶》是小说,但也是叙事类作品,主要用叙述、描写的表达方式。"台阶高,屋主人的地位就相应高。"如何理解父亲望向高高的台阶的目光和为之付出的愚公移山般的努力?为了突破难点,笔者在教学设计上从以下两个方面进行大胆的尝试。

一、选取"数字"这个小切口,引领学生在文本里穿行

　　理解《背影》中的父亲,通常我们会从赏析父亲买橘背影的动作细节入手。可是由于生活阅历的缺乏,学生往往无法进入朱自清反思的视角,也难以体会深沉的父爱。因此,我从最接近学生生活体验的角度切入,紧紧抓住

215

"几个橘子"这个数字角度,引领学生在课文、资料和生活体验里反复穿行,从而达到水到渠成地发现父爱的真谛的效果。

理解《台阶》中的父亲,我也是选取反常的"洗一次脚"切入,再引领学生找到更多的数字,并对这些数字进行"加减乘除"的"运算"。在数字细节里,学生逐渐发现了一个有目标、有行动,更有着愚公移山般坚忍不拔毅力的父亲形象。

二、整合文本,以阅读、感悟、延伸、写作的主线,实现读与写的契合

"教材无非是个例子。"教师要善于发现文本中读写结合的衔接点。这两篇文章,我做了整合,以阅读中品"父亲"、数字中学技巧、细节中悟"父亲"等几个环节,展现出读写结合清晰的主线。深入的阅读,开启了学生的思维与情感之门。引领学生走向写作,需要教师逐步搭设台阶。

教学过程

一、导入新课

师:父亲在家里的角色是多种多样的,有的会做饭,有的会修电器,还有的会辅导功课,当然也有的会打游戏,还有的会打孩子。文学作品中"父亲"是怎样的形象呢?上节课,我们默读了《背影》《台阶》,请大家画出文中描写父亲"难"的语句。我们先在小组内交流,然后再与全班同学分享阅读体会。

【插评】亲切而有趣的交流让学生迅速进入学习情境。说说父亲的"难",成为一个学习焦点,不能不说是一种创意,这个创意引起了学生的思考和联想,顺利地开启了学习之旅。

二、在阅读中品"父亲"

（一）品读《背影》中的"父亲"

【投影展示】

> 他往车外看了看说："我买几个橘子去。你就在此地，不要
> 走动。"

师：你能从这句话中读出什么？

【插评】学习内容没有从文章前半部分选择，而是从这一句话"开问"。这样设计教学过程，是由本课的学习目标所决定的——教师在创造性地使用文本。其意图是在阅读此处文本的基础上，扣住阅读主题中的"父亲的难"来处理，这个开篇，引领了整个课堂的阅读主题——**数字增加父亲的高度**。

生：父亲对儿子很关心，怕他路上口渴，亲自给他买橘子。

师：你去超市会买多少个橘子？

【插评】曹静老师的"插嘴"，让学生学会联系生活、联系自我，再加上后面的一问，让所有问题直指学生内心。

生：我会买一大袋橘子回来，从来不数。

师：父亲只说买"几个橘子"，其中有什么秘密？

生：买"几个橘子"，说明父亲没有多少钱。

师：你读得细致，从"几个橘子"里发现了秘密。要知道朱自清的父亲，曾经是徐州烟草公卖局的局长，为什么只给远行的儿子买"几个橘子"？

生：前文中写道："回家变卖典质，父亲还了亏空；又借钱办了丧事。这些日子，家中光景很是惨淡，一半为了丧事，一半为了父亲赋闲。"这

句话里提到变卖典质,家里的东西能卖的都卖了。

生:还有"借钱办了丧事",说明家里的经济状况的确困窘。

师:祖母死了,家里连操办丧事的钱都拿不出,据资料介绍,父亲当时借的是高利贷。如果能够借到亲戚朋友的钱,何必去借高利贷?

【**插评**】教师再次补充背景资料,与学生的思考结果相印证,并提供新的思考"源",学生的大脑再次运转起来。

生:可能都借遍了吧。

师:请你用文章里的词语来形容这种境况。

生:惨淡。

生:祸不单行。

【**投影展示**】

> 只有在这时,自清才真正感到家境的凄凉:父亲的差使交卸了,一切丧事费用均靠借债和变卖典质;花厅上只剩下几幅清人字画,一张竹帘。往日的巨大古钟、朱红胆瓶、碧玉如意、板桥手迹早已进了当铺,满院枯枝败叶,一派萧条景象。自清凝视着微微发胖而显龙钟之态的父亲、老实巴交的母亲和一群弟妹,心情十分沉重,他轻轻叹了一口气。
>
> ——朱国华(朱自清弟弟)《朱自清写〈背影〉的背景》

【**插评**】材料补充及时,真实的侧证进一步验证了学生思考,进一步深化了对文本的理解,进一步调动了学生阅读的兴趣,进一步深化了对情感的把握。教师的高明在于,并没有就此停止探寻的脚步,而是再次引发学生的头脑风暴。

师:从这"几个橘子"里,我们读出了惨淡的光景!还能读出什么?

生:父亲体胖,走路就蹒跚,爬月台自然更艰难,却执意要为儿子买橘子。原来父亲亲自爬月台买"几个"橘子,是为了温暖即将远行的儿子的心啊。

师:母亲离世的悲凉,事业衰颓的辛酸,家道中落的伤感,面对这惨淡的光景,此时父亲的心里一定不轻松,他也不一定知道出路在哪里。面对如此艰难的处境,他却对儿子说:"事已如此,不必难过,好在天无绝人之路!"我们从这看似平常的"几个橘子"中,还能读出什么?

生:我还能读出父亲面对困境时的气度与力量。

【插评】关于数词在情感表达上的研究,曹静老师此课做了大量的尝试。"几个橘子"里"几个"透出了几许深情、几许心酸、几许无奈、几许牵挂⋯⋯都在师生的共同解读里一一展现,不得不说,这样的设计是有创意的,也更是属于语文的。

(二)品读《台阶》中的"父亲"

【投影展示】

> 大概到了过年,父亲才在家里洗一次脚。

师:父亲为什么一年才认真地洗一次脚?

生:父亲很辛苦,没时间洗脚。

师:父亲的时间都去哪儿了?

生:"一年中他七个月种田,四个月去山里砍柴,半个月在大溪滩上捡屋基卵石,剩下半个月用来过年、编草鞋。"一年十二个月,减去种田、砍柴、捡屋基卵石的时间,父亲留给自己的只有过年的半个月,还要顺便编草鞋。

生:父亲真的没有多少空闲时间。"他从鸡叫三遍出门,到黄昏贴近家门",中间至少有 12 个小时呢。

【插评】给父亲算算时间——出人意料的设计体现了教师的智慧。

师：从刚才的减法中，我们发现父亲一年到头、从早到晚都在忙，他把大把的时间花在为造屋做准备上，却顾不上认真地洗一次脚。

生：父亲也没有心思洗脚。"他今天从地里捡回一块砖，明天可能又捡进一片瓦，再就是往一个黑瓦罐里塞角票。虽然这些都很微不足道，但他做得很认真。"

师：父亲"一块砖""一片瓦"地捡着，那么要造好一栋新屋，父亲得准备多长时间？

生：第16段里写道："父亲就是这样准备了大半辈子。塞角票的瓦罐满了几次，门口空地上鹅卵石堆得小山般高。"

师："大半辈子"，也就是几十年的光阴啊。如果把一天和"大半辈子"作比较，我们不仅能发现父亲的辛劳，还能发现什么？

生：我发现了父亲的执着！父亲这双脚，一直行走在为新屋添砖加瓦的路上。他真的没有心思坐下来好好地洗一次脚。

生：父亲不心疼自己的脚，他只心疼鞋子。"只是那一来一去的许多山路，磨破了他一双麻筋草鞋。"

师：这"一双麻筋草鞋"，值得大家深思。麻筋草鞋是一种什么样的鞋呢？

【插评】情感是写作的第一要素。教师着重从情感的角度引导学生理解父亲。父亲的辛苦、父亲的执着，都是学生从细节中领悟到的。

【投影展示】

> "这种草鞋成本很低，却厚实匀称，坚挺耐穿，所以很受欢迎。有的草鞋还添上几片各色布头，或者夹入几根麻筋，美其名曰'麻筋草鞋'。麻筋草鞋虽然成本略高，但更加耐穿，且能减少与皮肤的摩擦，很受好评，但人们为了节省开支，一般还是使用普通草鞋。"

生：麻筋草鞋原来是一种比较贵，但很结实的草鞋。怪不得父亲"可惜"磨破了一双麻筋草鞋。

师：这一双结实的"麻筋草鞋"是怎么被磨烂的？

生：父亲为了省下石料钱、搬运费，"三百来斤"的石块，父亲一下子背了"三趟"。

师：我们做个乘法，$300 \times 3 = 900$，父亲背了九百斤的石块。太沉了！难怪这么结实的麻筋草鞋，都被父亲的脚磨烂了。那些他自己编的草鞋，又磨穿了多少呢？

生：文章里写道："一个冬天下来，破草鞋堆得超过了台阶。"

师：猜猜大概会有多少双？我们再做一个乘法运算。

生：一层台阶，相当于四五双草鞋的厚度。三层台阶，也就是得有十五六双鞋子吧。这么多草鞋都被磨破了，这是一双怎样的脚啊。

生：我想，他的脚肯定不知磨破多少回了，肯定很疼。上次我的鞋里进了沙子，没及时控出来，磨得我的脚都起泡了。

【插评】两次数学计算看似与语文无关，其实有密切的联系。一方面体现了写作的准确性，说明了作者写作态度的严谨；另一方面体现了父亲的不易。通过这一环节的教学，学生明白了阅读与写作之间的关系。

师：我们回味一下刚才读过的文段，会发现作者用了很多数字。你能从这些数字中读出什么？

生：我读出了父亲的辛劳。父亲从早到晚，一年到头，大半辈子都在忙碌着。

生：我读出了父亲的艰难。父亲为了省钱，自己背了九百来斤的石料。

生：我读出了父亲的坚忍不拔。"一块砖""一片瓦"，父亲很认真地捡了大半辈子。这不禁让我联想起愚公移山的故事。父亲为造屋长年累月地辛苦劳作，付出了愚公移山般的努力。

【插评】教师引导学生将数字过渡到对人物性格、人物情感等方面的理解,借此培养学生的迁移与发散意识,让学生真正做到学以致用,举一反三。

三、数字中学技巧

【投影展示】

> 原本语法意义单一,只用于计数功能的数字,只要我们匠心独运,精心设计,就会充满活力,变得有血肉,有思想,有韵味。数词也可以被赋予生命和情感,成为描述形象的一个重要手段。
>
> ——沈建华《数词的形象性及其修辞功能》

师:数字真的有这么大的魅力吗? 我们在运用数字时,能发现什么技巧呢?

师:如果给"三百来斤"换个说法,你会怎么说?

生:我会说"很重""太沉了"。

师:如果给"一块砖""一片瓦"换个说法呢?

生:少得可怜。

师:"很重""少得可怜"是我们笼统的感受,没什么衡量标准,我们也就感觉不到父亲的重荷和他的坚忍不拔。你发现了什么?

生:用上具体的数字,感觉更形象。

师:你体会得很好! 还有什么收获?

生:"一块砖""一片瓦",父亲却捡了"大半辈子"。这样小数字和大数字放在一起对比,我从中受到了震撼!

师:大小数字进行对比,会有出人意料的效果!

生:我还发现,作者给我们留下了许多数学题。比如,父亲"鸡叫三遍"出发,"黄昏贴近家门口时"归来,作者没说父亲一天工作多长时间,可是我们能算出来,父亲一天工作时间起码有十二小时。

生:"三百来斤"的石块,已经让我们惊讶,父亲却背了"三趟",作者留给我们一道沉重的乘法题。

生:父亲工作时间是"七个月"+"四个月"+"半个月",只剩下可怜的"半个月"用来过年。半个月相对于十二个月,比例太小了。

师:作者聪明地留下了这些数学题,让读者自己算算父亲的辛劳有几分。你是否能从中学到一种数词的表达技巧?

生:我们可以用数字做点加减乘除,让读者算一算,体会其中的奥秘。

师:同学们归纳得很好。我们从这些数字当中体会到一些运用的技巧,如**"具体数字更形象""大小数字巧对比""加减乘除做运算"**等。这样,我们不仅读出了父亲的忙碌与辛劳,也能读出父亲为了自己的追求,如愚公移山般坚忍不拔的精神。如果没有这些数字细节,我们可能难以透过文字,感知父亲高大的形象。

【插评】本环节通过对数字运用的比较教学,达到指导学生运用数字技巧的目的。在一层层的教学进程中,学生对于数词的使用,由一开始的了解其作用,到了这一教学环节的知道怎么去使用。层进的教学环节,让学生的阅读和写作能力都在无形之中得到提升。

四、细节中悟"父亲"

【投影展示】

> 父亲是世上最不堪的那个斗士。如果你要问我当了父亲主要的体会,这就是回答。我们的父亲没有《至高无上》中男主角的那种不怒自威;连油画《父亲》所展现的、那古铜脸色中透出的勤劳坚忍,也不大看得出来。他们中的大多数为生活所困,面色无光,有些不大不小的疾病。其中一些连感情也不如意,很年轻就显出一些猥琐来。可是他们爱着自己的孩子,像愚蠢而勇敢的工蚁,不落下任何一项工作。
>
> ——《父亲是世上最不堪的一个斗士》

师：阅读这段话，请以"父亲的难处"为话题，运用我们学到的数字技巧，写成一个作文片段，表达出你对父亲的理解。

（学生写作，教师巡回指导。）

生：（朗读作文片段）"记忆中的你，不常在我身边。你在外地工作，一周回来两三次，待一天或者一晚上，第二天就又看不见你的身影，听不见你的声音。我一直羡慕那些每天放学被自己父亲接走的孩子，每天有父亲陪伴对我来说却是一种奢望。"

生：我觉得她已经很幸福了，我的父亲常常是一两个月回来一次。回来待两三天，就又出门了。

师：你们都学会了用数字作对比的技巧。"一周"和"一两个月"两个数字作对比，谁的父亲更忙就显而易见了。"一两个月"和"两三天"，多么鲜明的一组数字对比！还有谁能分享一下自己的作文？

生：（朗读作文片段）"那年冬天，父亲从早上五点走后，到凌晨一点才到家。父亲弓着身子把鞋脱了下来，有些左右摇摆地走进了厨房，先洗了洗手，然后拿起两个冰冷的包子便狼吞虎咽地吃了起来，吃完饭后连衣服也不脱就躺在沙发上睡着了。"

师：你给我们留下了一个减法题呢。谁来做一做？

生：从早上五点，到凌晨一点，二十个小时都在外奔波，不能回家。

生：（朗读作文片段）"我的父亲一进门就往沙发上一坐，坐不了一会儿，就进屋睡觉去了。他英俊的脸上已被时光刻下深深的皱纹，帅气的头发中夹杂着几根泛白的发丝，因过度的疲劳黑眼圈已深镶在父亲的脸上，不知何时他手上多了几道疤痕。有时望着已熟睡的父亲，我不禁簌簌地流下了眼泪。"

师：这段话中，哪些描写最能写出父亲的"难"？

生：头上"几根泛白的发丝"、手上"几道疤痕"，都是父亲艰难生活的见证。不直接说父亲有多辛苦，却让我们从这些具体形象的数字中，想象出了父亲疲惫的样子。

【插评】在师生交流过程中,老师的深度追问起到了寻根的作用:寻学生思维的根、感情的根。教师引导学生学会多角度思考问题,追求新的发现,积极突破思维定式。同时,引导学生调动生活的积累,感受生活、提炼生活,会使文章思路活跃、彰显个性。

生:(朗读作文片段)父亲曾跟我说的"三句话",我记忆犹新:小时候,我的脚不小心夹到车轮里了,父亲说"以后对待任何事都要细心";父亲每周末陪我去读书,他常说"当年我要好好学习,也就不会一辈子庸庸碌碌了";父亲每次都蹲坐在茶几前,望着桌子上的账单发呆,他常语重心长地对我说"万事都要有两手准备"。

师:这三句话里,包含着父亲对女儿深沉的爱,对家庭重任的担当。

【插评】教师时时抓住数字的表达作用,进一步强化学生对数字的敏感意识,给学生思维安上了眼睛。教师设计的问题给学生的思维体操搭了一个台子,这些问题没有唯一的答案,目的是让学生掌握并学会思维的方法,这是让学生下水的关键。

师:请参考以上同学的范文,对自己的片段认真修改,将你对父亲的理解和感恩化为形象的语言,与大家一起分享吧。

A 课 评

巧妙整合,观照"父爱"主题
——评曹静老师课例《数字增加父亲的高度》

法洪雪

课程整合,是个热门话题。本课例中曹静老师的巧妙整合,对正在研究课程整合的同行是一个很好的借鉴。

语文是基础工具,工具性与人文性相统一,语文教学的基本任务是培养读写能力。传统的语文课堂,习惯引领学生在不同的文本中习得语文的读写技巧,并让学生受到情感、态度、价值观的熏染。而课程整合的课堂,要在完成传统课堂教学任务的基础上,做到整合后的课程比传统课程更有实效,即"1+1>2"。

曹静老师将两篇名篇放在一起学习的课程整合设计是否达到了这样的目标?这一点是值得肯定的:感受父爱、体会写作方法等教学目标在这样的整合里顺理成章地实现了,在此基础上,整合后的课程还关注了文学作品中"数词"的使用,并且这"1+1"多出来的部分,被曹静老师定为了本节课的一个主要学习内容,贯穿在学习过程的始终。于是,一堂以"父爱"为经线,以"数词"的使用为纬线的完整课堂便完美地呈现出来了。

一、"数量词的视角"

下面是一个关注了数量词的教学环节:

师:我们做个乘法,300×3＝900,父亲背了九百斤的石块。太沉了!难怪这么结实的麻筋草鞋,都被父亲的脚磨烂了。那些他自己编的草鞋,又磨穿了多少呢?

……

关注了数词,学生的心思就沉了下去,他们开始思索数字背后父亲的艰辛,开始在计算中领悟父亲的"难",开始在这"思索"和"计算"的过程中理解文学作品中的父亲,开始在内心理解自己的父亲。

数词,让阅读训练有抓手了。

更加难得的是,曹静老师的整合处理并没有满足于阅读的这几个层面,而是继续引领学生用数量词来写父亲,使数量词这一教学资源得到充分使用:数量词怎么能写出深情? 怎样使用数量词? 一起总结几个数词的使用技巧。试着写一个片段。

数词,让写作训练也有抓手了。

这一系列读写结合的教学设计是用数字勾连的,是巧妙的、智慧的,更是语文的、人文的。

二、谈一谈读写结合课的实效

在课程整合的过程中,曹静老师很明确地将本节课定位为"读写结合课"。

"读写结合"的课程定位,让阅读环节指向了这个角度:如何让学生从作为"例子"的文本中习得写作经验;同时,也让写作的源头定位在数量词的使用上。

曹静老师从阅读的文本中提炼出来的写作技巧被赋予数字的标签,巧妙地成为学生手中写作的利器:"具体数字更形象""大小数字巧对比""加减乘除做运算"等数词使用技巧使学生顿时觉得自己的文章有了依托,写作有了着力点。

一系列的阅读和写作训练,将学生在阅读"父爱"中领悟到的情感又"送"到了写作训练中。写作训练仿佛是阅读训练后的水到渠成,学生在课堂上写得纷纷扬扬;写作,也作为学生阅读延伸的触角,已经触及学生的内心。

于是,我们在曹静老师的读写结合课上读到了这样的学生作品:

"那年冬天,父亲从早上五点走后,到凌晨一点才到家。父亲弓着身子把鞋脱了下来……"

"你在外地工作,一周回来两三次,待一天或者一晚上,第二天就又看不见你的身影,听不见你的声音。我一直羡慕那些每天放学被自己父亲接走的孩子……"

这样的读写结合课,也达到了"1+1>2"的效果。

三、谈一谈对课程整合的文本的恰当把握

教师对课程整合的文本，可以从作者、体裁、内容、情感、写法等角度，做相关、相近、相反、相对的探究。

在语文的课程整合方面，窦桂梅老师是先驱和榜样。关于主题学习，窦桂梅老师说"语文的教与学，首先应基于对生命的观照和对心灵吁求的唤醒"，"把'碎片化生活'凝聚成价值主题，仿若灵魂，由此生命才有了色彩。"曹静老师的这堂读写结合课，就是将整堂课落脚于父爱主题的"生命观照"和"生命色彩"上。

曹静老师选取体裁不同而主题接近的两篇经典文章——《背影》《台阶》，以两文共有数词细节的写法角度进行整合，达到以形式的探究突破对"父爱"主题的"生命观照"的目标。同时，几个大版块的教学设计清晰地展现了曹静老师对课程整合的文本的恰当把握，也给予学生更多的阅读、写作启迪。这些通过阅读和写作得来的关于父爱的诠释和关于技巧的启迪会深深地镌刻在学生内心，对其影响会更加深远。

总之，本堂课作为一节整合课程，达成了阅读、写作的情感、态度、价值观的目标，也契合了《义务教育语文课程标准（2018年版）》中指出的"培养学生的语言文字运用能力，提升学生的综合素养"的要求。北京大学陈平原教授说"语文是关乎学生一生的学科"，曹静老师的这堂以数词使用为主线的读写结合课正在践行着这样的语文意识。

（法洪雪，胶州市初中语文教研员，齐鲁名师、山东师范大学硕士生实践导师、青岛市优秀教师、青岛市学科带头人、青岛市教学能手，领衔青岛市初中语文名师工作室、青岛市初中语文学科基地。）

审题也美丽

教　材	部编版教材九年级下册
篇　目	作文训练:＿＿＿＿也美丽
写作知识	借半命题作文训练审题

教学缘起

　　审题,就是在写作前针对作文的题目进行细致全面的分析,正确地理解题目的意思,明确写作要求。文不对题是作文的大忌。怎样指导审题呢?偶然的一次作文课给了我一点启示:借半命题作文指导学生审题是一个很好的途径。

　　有"＿＿＿＿"符号的作文题属于半命题作文。半命题作文往往只命题目的一半或大半,学生必须按要求先将题目补充完整,然后作文。其明显的标志是题目中留有空缺(一般用"＿＿＿"来表示)。补题之前,一定要反复琢磨已命的半个题目的含义,它往往对我们作文的选材、主题、文体等有所限制。

　　那次的作文题目如下:

　　不同的人生有不同的美丽,不同的视角可以看出不同的美丽。有人说小草也美丽,落叶也美丽,残月也美丽;也有人说平凡也美丽,朴素也美丽,简单也美丽;还有人说挫折也美丽,失败也美丽,苦难也美丽……

　　请以"＿＿＿＿＿也美丽"为题写一篇文章。

要求:(1)在横线上填上一个词语,使标题完整;(2)文体不限;(3)不少于600字,诗歌不少于20行;(4)不得抄袭;(5)文中不得出现真实的地名、校名和人名。

学生完成作文后,随手翻了一下,跑题的还真不少。有的学生居然拟出了如下的题目:诚信也美丽、安静也美丽、四季也美丽、猪也美丽、细菌也美丽、被破坏的也美丽、离开的也美丽、贼也美丽。这些题目无疑都是不符合题意的。

所以我在之后的作文课上以"审题"为重点上了一堂作文课。

教学过程

一、上课之初,我先给学生讲了一个故事

相传清末某省乡试,题目是"项羽拿破仑论",有一秀才见题发愣:这项羽我知他是西楚霸王,与刘备争天下,兵困垓下,最终自刎乌江。那拿破仑何许人何许物也?冥思苦想之后,秀才似有大悟:这"仑"与"轮"音同形近,莫非主考使用通假方法,故弄玄虚?"拿破仑"者,"拿破轮"也,于是乎他庆幸自己识破机关,得意中欣然命笔:

轮难拿,破轮尤难拿。而项羽独能拿!何也?项羽力能举鼎,况破轮乎?

学生听后哈哈大笑。显然,在审题过程中,秀才由于自己的无知和主观臆断,惹下了这么一个笑话,所以我们在审题过程中一定要仔细琢磨推敲,不可忽视。接下来我引导学生"咬文嚼字",审清题目。

二、审"也"字

再次出示了作文题,要求学生以"____美丽,____也美丽"的句式对题目

进行造句训练。学生举例如下：

鲜花美丽,落叶也美丽；

微笑美丽,流泪也美丽；

出众美丽,平凡也美丽；

满月美丽,残月也美丽；

成功美丽,失败也美丽。

我引导学生看自己所填的这两个词语有什么特点,有的学生很快发现它们都是反义词。

我趁机又设疑:如果把这两个词互换一下位置,效果怎样?

学生马上发现,原来题目中的横线上要填的是一些平时不被人们认可却也有好的一面的事物,而一些明显的褒义词就不能填在此处。

三、审"美丽"

我在"美丽"二字下面加了着重号,然后要求学生结合具体的题目,说说"美丽"的含义。我先示例:《落叶也美丽》中,美丽的含义是"落红不是无情物,化作春泥更护花"。

有的学生说小草也美丽,因为小草有顽强的精神,默默无闻地为人们做着奉献。

有的学生说残月也美丽,因为残月虽不完美,但是真实的。

有的学生说唠叨也美丽,因为虽然唠叨烦人,但饱含父母或老师对我们的爱。

四、审同学的作文题

我出示了上节课学生拟出的题目,让学生讨论这些题目是否符合题意。

诚信也美丽、安静也美丽、四季也美丽、猪也美丽、细菌也美丽、被破坏的也美丽、离开的也美丽、贼也美丽、皱纹也美丽、唠叨也美丽。

学生议论纷纷,过了三分钟,就开始有人举手发言。

诚信也美丽、安静也美丽、四季也美丽这三个题目,错在所填的词语是大家认可并极力推崇的好事物。

猪也美丽、细菌也美丽、贼也美丽这三个题目,错在选定的事物根本与"美丽"无缘。

被破坏的也美丽、离开的也美丽这两个题目,则错在句式结构与题目要求不符。

皱纹也美丽、唠叨也美丽这两个题目比较新颖,与从哲理角度立意题目相比,这两个题目是从情感角度立意的。

五、拟自己的作文题

看完这几个题目,我马上让学生自己拟几个题目。很快,学生就拟出了放弃也美丽、孤独也美丽、沉寂也美丽、白发也美丽等切合题意的题目。

近几年来,中考作文常常采用半命题作文的形式。这类作文题给考生留下了较为广阔的写作空间,有利于考生充分展示自己的写作才能。借半命题作文训练审题,不失为一个好办法。只有在补题上煞费苦心、"咬文嚼字",才能拟出符合题意的题目。

习作示例

唠叨也美丽

孙宏志

唠叨是我每天都能听到的音乐。

清晨,闹钟"叮铃铃"声刚响起,妈妈就开始唠叨了。"快起床,快七点了!""再不起床就迟到了!""外面车多,骑车子要小心!"……每天都不厌其烦地,一句句唠叨个不停,好像我还是一个小学生一样。于是,我闭着眼睛也要强打精神回答她的话,醒不了,也得抓紧时间穿衣服。妈妈的唠叨真烦人！可是没有它，我怎么会每天都准时到校呢？

每天上学路上，爸爸总要陪我走一段，我又得接受一次声音的洗礼："打起精神来，新一天都开始了。""上课要认真听讲，积极举手发言。""自己要努力了，考试成绩那么差，下次要考好呀！"每天，他都为我敲响新一天的钟声，带我向前走一步。

Miss Liu 当然也不甘示弱，她那谈天论地的口才绝不亚于其他任课老师。"英语可不是一天两天能学会的，每天都要花时间去认真复习！""英语单词一定要天天记，否则一定不能通过词汇量这一关！"她总是这样教我们学习英语的方法，让我们学以致用。

临睡前半小时，是我一天中难得的闲暇，也是父母认为的"唠叨广播电台"的黄金时刻……

唠叨中有父母殷切的希望，唠叨中有老师深深的关爱。

其实，唠叨也美丽。

【曹老师点评】

唠叨何谈"美丽"？父母的唠叨，老师的叮嘱，都是孩子最不能理解的事情。问题就出在父母与孩子的认知有较大的落差。小作者取材于日常生活的点滴小事，把这些小事一分为二，既看到唠叨的过程令人烦恼，也看到"唠叨"的结果出人意料。由此，小作者感悟到，原来唠叨也"美丽"，实现了认知的飞跃。全文选材于小事，夹叙夹议，布局匀称，结构严谨。

苦难也美丽

韩冰

苦难造就最美的人生。

——题记

露经过阳光的暴晒，化身为一缕清风；蚕经过破茧的痛苦，蜕变成一只蝴蝶；树经过寒风的凛冽，盼来了春日的芬芳……

233

人们总渴望一缕清风,却不知露的苦难。生命的绿叶上,邰丽华不正像那颗晶莹剔透的露珠吗?她有美丽的脸庞,有一双迷人的眼睛。然而,儿时的用药不慎,致使邰丽华的双耳永久性失聪。可她身残志坚,用双手舞动出了动人的舞蹈;用目光与亿万观众进行心灵的沟通。她像一缕清风,抚慰了人们的心灵,带走了人们的忧愁,留下了诱人的清香……

露被暴晒的过程,总是痛苦的。蚕破茧而出的苦难,更是痛彻心骨!

张海迪,一只不被命运所垂青的蚕。她的蜕变,是那么的痛苦!别人可以用双脚走过的美好的明天,而她,却只能在轮椅上举步维艰。这只蚕,并没有甘心在茧壳里闷死,而是拖着先天残疾的双脚,奋力拼搏。她的化蝶之路,是痛苦的,也是艰辛的。自学小学至大学的课程,自学多种外语……这些正常人都很难完成的任务,她却奇迹般地完成了!她,张海迪,变幻成一只无与伦比的蝶!

如果说蚕变蝶,是凭借坚强的毅力,那么瘦小的柳树,则是凭借心中不灭的希望来迎接春日!

美国国务卿赖斯,因为心中的一丝希冀,她由一个地位低下的黑人女孩一跃成为众美国人为之骄傲的"明星"。她,就像冬日的杨树,心怀"住进白宫"的愿望,默默积蓄着力量,等待春日的降临。她努力着,奋斗着,拼搏着……最终迎来春日的芬芳!

苦难,总会创造出奇迹;

苦难,总会造就最美的人生!

【曹老师点评】

苦难的人生,如露被暴晒,如蚕缚茧中,如树遇冬日。本文以三个比喻,搭建起全文的框架,呼应题目中的"苦难"二字。同时,邰丽华虽耳聋却舞动人生,张海迪虽瘫痪却自学外语,赖斯虽卑微却努力拼搏,这三个事例都是苦难也"美丽"的最好注脚。苦难是客观存在的,但美丽是人生目标。这些事例给读者以极大的鼓舞。全文采用总分总的结构,叙述事例后,穿插比喻进行议论,叙议结合,衔接紧密,首尾呼应,共同聚焦于文章主题。

残月也美丽

姜筱林

初秋的第一弯月牙儿升起来了,轻柔冰凉的月光洒下,和着萧瑟的秋风在这满是菊香的夜里挥洒尽秋的风华。

银光四射,透过那扶疏花影,抬头仰望,只见深黛色的天空中,有一弯残月恍恍然在空中浮动。天空简直静谧到了极致,令人不得不凝神屏气,生怕惊扰了那琼楼玉宇。

在这祥和的夜晚,却有不少人要叹息。因为这如水的月光,是一弯残月发出的;这幽幽的清韵,是一弯残月渲染的;这惬意的享受,是一弯残月给予的。所以,即使是这样的夜景,还是会被一层名为"悲戚"的烟雾笼罩,无法解脱。

关于月亮,我知道许多人都无比热爱那黄昏时蕴含在霞光里的满月,他们向往完美,追求完美。然而,我是残月的忠实崇拜者,我认为残月不是"悲戚"而是一种几乎没有人读懂的"雅致"。

残月,没有满月的华丽,没有流传千古的诗词歌赋来描绘。但它是一种淡泊、飘逸。残月蕴含着一种美,是满月辉煌过后的淡雅,是一种期待着一切从头来过的执着。尽管千年雨雪风霜不断打击着它,它仍在守候。

秦淮河的流水未曾枯竭,明孝陵的石人石马巍然端立,玄武湖边上的古城墙藤葛依旧拂拂,残月的执着一点也不比它们逊色,它在等待满月的辉煌,一直在等。

仔细凝望残月,它的魅力并不减,反倒增添了几分雅趣。宛若水晶般玲珑的残月,蕴藏着生机的宁静。在这样的宁静里,一切世俗纷争、得失忧患,都如旧梦般淡去,只觉置身在残月的抚摸下,听它讲述着千年岁月的流逝,回返无知的天真,不知胜过多少修身养性的名篇。在那样的怡然中,我的悲怒便在残月的低语中轻轻睡去,不再有太多的生活羁绊。

永远不能忘记,初秋的第一弯明月,是那么的美丽动人。它在秋风里嫣然地笑着,尽说这人生之美,那若鼓瑟、若抚琴、可心领、可神会的袅袅月韵,来自一轮雅淡素洁的残月。

【曹老师点评】

初秋的第一弯月牙儿升起来了。这样的美景,引发了小作者的遐思。满月美,美在圆满。而残月虽不圆满,却美在飘逸淡雅,更美在从头再来的执着,美在虽经风雪打击却依然守候的坚韧。小作者正是认识到"残月"才是人生常态,蕴藏着生机,蕴藏着雅趣,因此她更看重"残月"。这是一种人生的顿悟,是心灵的成长。全文语言雅致,比喻频出,彰显了小作者的文学功底。

课 评

播一粒作文种子,开一园文采花朵
——评曹静老师写作课《审题也美丽》

徐敏红

翻看曹静老师的这堂写作课例时,想起王鼎钧先生的《作文三书》、许荣哲先生的《小说课》。在他们的文字中,我们看不到精于写作教学的他们板起面孔讲道理的样子,写作之法在他们的笔下总是如话家常,娓娓道来。而曹静老师的这节课也是如此,极其家常亲切,不端架子,不卖弄才华,朴素踏实犹如邻家大姐,领着学生漫步作文之路。

一、始于起点——学情分析

写作教学是为了学生发展，而不是单纯为了传授写作知识。所以写作教学的起点应该是学生的起始学情，如学生学习前的现有知识状态、写作情感；学生学习过程中遇到的困难；学生学习后有关写作的知情意等。而这也是一道活水，能让课堂生机勃勃，百花齐放。

曹静老师深谙此道。

这节写作课的缘起便是学生作文出现大面积审题偏差的症状。曹静老师说"学生完成作文后，随手翻了一下，跑题的还真不少。有的学生居然拟出了如下的题目：诚信也美丽、安静也美丽、四季也美丽、猪也美丽、细菌也美丽、被破坏的也美丽、离开的也美丽、贼也美丽。这些题目无疑都是不符合题意的。"正因为有这样的缘起，这节课的开启就引起学生的关注；也正因为有这样的缘起，学生的热情在课堂中如熔岩喷发，整体思维呈现出打开的状态。

二、经由中点——技法指导

文有"文眼"，诗有"诗眼"，题目有"题眼"。审题抓住题眼，就抓住了题目的核心与重点。这是审题较常用的一个技法——"捕捉题眼法"。

然而，曹静老师并没有先行概念，而是将写作活动分解成几个小的训练环节——"审'也'字""审'美丽'""审同学的作文题""拟自己的作文题"，从简到繁，由浅入深，让学生拾级而上。通过这四个小环节，学生学习了审题的"捕捉题眼法"，却又不被技法束缚。这比教师对学生苦口婆心、耳提面命的那些写作理念要来得有效。

这样的设计让我想起教育学研究中的"金表寓言"。我们都知道有关黄金的知识极其复杂，但在具体教学中，老师不可能将所有有关黄金的知识都教给学生,而是由当下的学习任务确定恰当的知识。如,学生要区分"金表"和"银表",只需要知道:金子是黄色的。

这个道理讲起来很简单,实际考验的却是教师的教学功力。关于审题的作文指导课,我们有许多内容可以呈现给学生,有技法指导,有理论讲述,有范例激发……而曹静老师的老到,便在于她极明晰此课的教学目的,极懂删减取舍。课始,曹静老师先出示作文题,要求学生以"＿＿美丽,＿＿也美丽"的句式对题目进行造句训练。然后再引导学生发现句子中所填的两个词语的特点。通过这样的填补空白、设疑追问,学生马上发现,原来题目中的横线上要填的是一些平时不被人们认可却也有好的一面的事物,而一些明显的褒义词就不能填在此处。课中,曹静老师又趁热打铁,在"美丽"二字下面加了着重号,然后要求学生结合具体的题目,说说"美丽"的含义,从题目的文字表意往哲理深处探究。课尾,更是循着这条思路,引领学生独立审题。这样的设计简单直接,让人想起西北高原上的白杨树,挺拔秀丽,所有丫枝一律指向教学目的,绝不旁逸斜出。

三、达于终点——能力提升

作文教学的最终目的是让学生"自能作文,不待老师改"。要达到此等境界,教师应让学生对写作不仅"知其然",而且"知其所以然"。

曹静老师在课尾设计的"审同学的作文题"和"拟自己的作文题"两个环节,正是授法于学生,让学生从被动写作转为"自能作文"。

从"审他人"到"审自己",课堂呈现出自下而上的生长姿态,学生的思维开始发散,拟写出放弃也美丽、孤独也美丽、沉寂也美丽、白发也美丽等切合题意的题目。习作中,学生在《唠叨也美丽》中写出身边人唠叨中的深情厚谊;在《苦难也美丽》中从"露"的苦难写到"蚕"破茧而出的毅力再写到瘦小的"柳树"内心不灭的希望,层层推进,书写出对"苦难"的理解;更是在《残月也美丽》中思接千载,领悟残缺背后的宁静淡然之美……

黄厚江老师提出:"教师要带着作文的种子进课堂。"曹静老师的这节课立足学情,没有自上而下地将写作元知识强势地灌输给学生,而是以对"_____也美丽"这一作文题的探讨为"种子",通过师生互动、生生互动,使这粒种子就地萌芽破土,长成一根主干,伸开分枝,长出片片绿叶。

我们就是花圃中那个播撒种子的园丁。曹静老师用她的课验证了这个道理。

(徐敏红,王君青春语文名师工作室成员,温岭市骨干教师。"一师一优课,一课一名师"部级优课获得者。曾获市教学能手,市优秀大队辅导员、市青少年英才等称号。)

准确审题，巧妙立意

——九年级下册第二单元作文教学实录与点评

教　材	部编版教材九年级下册第二单元
篇　目	写作:审题立意
写作知识	审题:一字不放,逐点排查 立意:避生就熟、化大为小、虚实结合

教学缘起

1.学习审题,分析关键词语,领会言外之意。

2.学习多角度立意。

教学过程

第一课时

一、导入(2分钟)

【屏幕展示】

《蔡明老师教你写作文》封面

1.介绍蔡明老师的写作教学观点,引入课题。

江苏省特级教师蔡明老师曾经说过:"审题是中学生写好任何一篇文章的第一关。"

2.今天我和大家一起学习如何准确审题、巧妙立意。在谈到审题的方法时,他只讲了八个字:"一字不放,逐点排查。"

【屏幕展示】

审题是中学生写好一篇文章的第一关。

一字不放

逐点排查

二、一写一评一提升

(一) 审题

师:下面我们就用这八字方法,来练练审题。我请一位同学为大家读题。

一写一评一提升

○ **请将下面的题目补充完整,然后写一篇不少于600字的文章。**

○ **题目：哦，原来这才是（　　）**

○ ("哦"表示惊喜、惊奇、领会、醒悟、感叹等)

师:审题就是读题的过程,审题就是要一字不放,逐点排查。括号里的内容能再读一遍吗？如果是你,会选择怎样的语气来读?

生:我会选择惊奇的语气。"哦,原来这才是……"

师:大家可以都试试,然后再分享交流。

生:"哦,原来这才是……"我选择的是醒悟的语气。

师:你想到了什么?

生:我想到自己曾经做错了事,后来又有了反思和发现。

师：题目中除了"哦"之外，你认为还有哪些词很重要？

生：我觉得"原来"这个词非常重要，因为"原来"表示我之前没有意识到，后来我意识到了，所以"原来"这个词告诉我们，文章里要有个思想转折的过程。

生："才"表示之前不知道，后来才明白的，是发生了新的情况。

生："这"，告诉我们要写之前发生的事。

师：你再想一想，"这"与哪个词相对？

生："这"与"那"相对。"这"表示发生在自己身边的事情，"那"表示发生在别人身上的事情。

师：关于"这"与"那"，我再举个例子，比如说我们今天是在多功能厅上课。我们可以说这是多功能厅，那是教学楼。

生：从这个例子看，我觉得"那"指远处，"这"指近处。这就告诉我们，"这"表示要写近期的事，而"那"提示我们要写以前的事。

师：你理解得很好！在字典中对"这"就有这样的解释："此"，指较近的时间、地点或事物，与"那"相对。可以写以前的人事物，与现在做对比。

师：我们做一个小结，刚才我们"一字不放，逐点排查"，不但发现了题目字面的意思，还找到了题目中隐含的内容。我们可以把审题的方法归纳为分析关键词语，领会言外之意。

(二)拟题

师：审好了题目，我们就来做这道填空题吧。请同学们在作文纸的题目位置，写出你的答案。

(生拟题练习，教师巡回指导。)

师：请组长收集好同学们的题目，写在前面的白板上。

(组长在白板上誊写题目。)

一组：成长、生活、爱、青春、美、春天、榜样

二组:青春、生活、友情、爱、时间、美

三组:我、爱、青春、友谊、成长、答案、生活

四组:青春、生活、现实、责任

(三)议题

师: 同学们,哪个题目你最感兴趣? 选择其中一个谈谈你的看法。

生: 我选的是"哦,原来这才是春天"。现在正值春季,春天往往寄托着美好的希望。以前我只是欣赏春天的美,今年我们正值初三,更能感受到春天的美好,春天的力量。

师: 你从"春天"一词中感悟到美好,感受到力量,你对春天的理解加深了。

生: 我选的是"哦,原来这才是青春"。我们正值青春期,我们有时候会叛逆,但是我们也会反思。初三了,奋斗也是我们青春的色彩。

师: 叛逆、反思、奋斗,这样多彩的青春,是以前不曾享受到的。可以写写以前的感受,再写写现在的思考。提到"青春",我倒是发现了一件很有趣的事,就是咱们四个组都选了"青春"这个关键词,这是为什么呢?

生: 这说明我们正值风华正茂的青春!

师: 的确,"青春"正是我们的生活,是我们最熟悉的话题,所以四个组无一例外地选择了"青春"。

生: 我选的是"哦,原来这才是成长"。这三年里我们经历了一些磨难,逐渐成长了。

师: "磨难"这个词有点重,换成什么更合适?

生: 换成"磨炼",或者"挫折"更好。

师: 我看到你们组里有同学写到了"责任",是谁写的?

生: 是我写的。那个周末,好不容易可以在家放松两天,妈妈却说:"今天来货,你过来帮忙!"我一开始很不情愿,后来慢慢地找到了窍门。

可是,就算这样,几百件货上了架子,也把我累得够呛。我跟爸爸抱怨,可是他说当年和妈妈把几十斤的货物扛到四楼,再累也咬牙挺过去了。听了爸爸的话,我忽然想到原来这才是一个人应该担起的责任啊!

师:你从亲身经历中感悟到成长的责任。也就是说,我们可以把"成长"这个大的话题,落实到一些具体的感悟上。这给我们的拟题一些启发:同学们的成长感悟,能不能用更加具体的词语去表达?

生:刚才我们小组经过一番讨论,最终确定了这几个题目——这就是合作啊。我们可以写"哦,原来这才是合作"。

生:冬天我们上体育课,总是把衣服交给郝莹拿着,她一点都不嫌累,她的微笑让我们觉得很温暖。我觉得可以写写"温暖"。

生:我们还可以写信任、幸福、爱、快乐、宽容等。

师:"成长"是一个"大"话题,我们可以把它"缩小"为一个"小"题目。选好切入口,展开来写,那么就很容易把文章的内容写得充实、具体。

生:我们组选的是"哦,原来这才是友情",还记得那次老师让我修改作文,我问谢萌怎么改,可她不告诉我,让我自己去思考。我当时心里不高兴,可是当我改完发给老师的时候,给她发了一条消息,告诉她我改完了。没想到她居然回复了一句"很晚了,我去睡了"。平时总爱早睡的她,这次居然一直陪我到深夜。

师:友谊是瞬间开放的花朵,时间会使它结果。"友谊"这个词可以用更美的词语替代吗?

生:那是一个春天的夜晚,改成"哦,原来这才是花开的声音"怎样?

生:太美啦!"友情"是同学、朋友之间最美的情感,正如春天的花,悄然绽放!

(四)小结

师:我们回想刚才的讨论,四个组都选择了"青春"这个话题,因为我们正值青春,这是我们最熟悉的话题。我们在立意时选择"避生就熟"。"成长"是一个大话题,我们落笔时要把它拆解成信任、幸福、温暖、快乐、宽容、合作等小话题,也就是"化大为小"。刚才我们也讨论过"友谊"的话题,由这个话题联想到"花开的声音"。在这个题目中,虚与实相互联系,相互衬托,使有限的篇幅展现丰富的内容,更好地吸引读者的阅读兴趣。

师:我们可以把立意的方法归结为以下三种:避生就熟、化大为小和虚实结合。

【屏幕展示】

立意

避生就熟

化大为小

虚实结合

三、二写二评二提升

1.即时写作,仿写片段

师:央视热播节目《朗读者》的"青春"话题的开篇词里写了这样的话。

【屏幕展示】

青 春

人生有一首诗,当我们拥有它的时候,往往并没有读懂它,而当我们能读懂它的时候,它却早已远去。这首诗的名字就叫青春。

青春是那么美好,在这段不可复制的旅途当中,我们拥有独一无二的记忆。不管它是迷茫的、孤独的、不安的,还是欢腾的、炙热的、理想的,它都是最闪亮的日子。

雨果曾经说过:"谁虚度了年华,青春就将褪色。"是的,青春是用来奋斗的,不是用来挥霍的。只有这样,当有一天我们回首来时路,和那个站在最绚烂的骄阳下曾经青春的自己告别的时候,我们才可能说:"谢谢你!再见!"

师:这是主持人对"青春"的诠释,老师希望你们也能用诗意的语言,诠释自己所拟的题目。

【屏幕展示】

二写二评二提升

请你用拟好的题目作结尾,完成一个200字左右的小片段。

◊　_____

_____
_____
_____
_____哦,原来这才是(　　　)。

⬡

2.学生写作,小组交流

3.师生讨论,相互借鉴

生:我写的是《哦,原来这才是爱》。在夜幕的笼罩下,一切都显得很寂静。星星用它那好奇而又有一丝胆怯的目光俯视着大地;各种昆虫声交错成一首交响曲。这时,远处传来一个浑厚有力的声音:"一二一,一二一……快点,相信自己,坚持,再跑快点……"在爸爸每天的陪伴和帮助下,我的成绩不断提升。

师:结尾的那句话,你忘记加上了。如果在这段话后面,加上那句"哦,原来这才是爱",可以吗?

生:总觉得有些不妥当,但又说不出来是哪里不妥当。

生:是"才是"不妥当,这段话后面应该接"哦,原来这就是爱"。

师:问题来了,"就是"与"才是"有什么不同?

生:"才是",表示之前对爸爸的爱不能理解,现在终于理解了。

师:在《现代汉语词典》中,"才"有一个义项是"表示发生新情况,本来并不如此"，而"就"有个义项则是"表示原来或早已是这样"。这样看来，这个片段该怎么改呢？

生：应该先写之前对父亲的误解，经过这件事之后，我对父亲的看法改变了。这样，才能照应题目中的"才是"。一开始我被爸爸拉出来跑步，心中充满了反感，浑身上下都在拒绝。爸爸看出了我的不情愿："快点，不就是跑个步吗，就坚持不住了？以后你碰上的困难多着呢，就想放弃？"听了这句话后，我不禁感到羞愧。

师：我们在审题时要咬文嚼字，不可审错任何一个关键词。"才"与"就"，一字之差，文章内容和结构就会呈现不同的面貌。

生：我写的是《哦，原来这才是春天》。我迎着熹微的晨光站在路旁，忽然只觉得眼前一亮，心思便被棕色枝丫上的细小芽苞吸引了过去。真美啊！嫩嫩的、绿绿的，像小莲花般绽放的小芽。一个接一个簇拥在枝头……哦，原来这才是春天。

师：这些小小的芽苞，一定让你想起了什么。林徽因曾在春天深情地感叹："你是一树一树的花开，是燕在梁间呢喃，——你是爱，是暖，是希望，你是人间的四月天！"

生：是啊，这一个个小芽，像极了我们这些十三四岁的少男少女。我们将如这新芽，迎着春光，迎着风雨，傲然成长！

师：你从美景中读出了春天的味道！审题不能只停留在字面意思，由此及彼，由浅入深，借物抒怀，睹物思人，不必拘泥于一物一景。多想一步，联想能让你变得更深刻。

生：我写的也是《哦，原来这才是青春》。什么是青春？无数次问过自己什么才是青春？青春就好比一座奇幻的迷宫，我们不自觉推开了这座迷宫的大门。童年时，就羡慕那些穿着蓝白校服的中学生，羡慕他们眉宇间的神采飞扬，羡慕他们表达出内心的狂野，羡慕他们眼神中的不屑。曾以为青春遥不可及,但它在不知不觉中来到我们身边。曾以为青春就是做自己的梦,想自己的事,但随着时间的流逝,终于发现追逐梦想的脚步才是青春!

师:青春是每个人最美好的回忆。你从"青春"里读出了多彩的人生!"青春"一直萦绕在你的心间,不断寻找青春内涵的过程,也恰巧成就了你的青春。

生:本来我对青春有种不知所措的感觉,感到迷茫。她的解读,给了答案!

师:"审题是第一关,但并非过了这一关就不再审题了。高明的写手,是要把审题渗透在整个写作过程中的,即使在最后的修改时,还需要再审题。"经过一番讨论,我们发现在审题时往往会"错读""浅读",或者"漏读"内容。因此,审题时要对题目中的每一个词都仔细揣摩,我们还发现只读出字面意思是远远不够的,一定要多想一步,可能会有意外的惊喜。

第二课时

四、三写三评三提升

【屏幕展示】

三写三评三提升

请将下面的题目补充完整,然后写一篇不少于600字的文章。

题目: 哦,原来这才是( )

("哦"表示惊喜、惊奇、领会、醒悟、感叹等)

1.课上写作，拓段成篇

2.小组互评，相互借鉴

3.佳作展示，立标学模

【习作展示】

哦，原来这才是青春

崔双怡

青春就好若一座奇幻的迷宫，我们在不自觉中推开了大门，在其中跌跌撞撞寻找所谓的方向。

当我还是童年时，便总是美慕那些穿着蓝白校服的他们，美慕他们眉宇间的神采飞扬，美慕他们表达出内心的狂野，美慕他们眼神中那浅浅的不屑。

曾以为青春遥不可及，但它似乎在不知不觉中来到身边。曾以为青春便是做自己的梦，想自己的事，随着时间的流逝，我逐渐明白青春是谜一般的字眼。

我记得那个秋天。那个秋天，我踏进了这个陌生的校园，命运又把新的陌生人推到我身边。一切的陌生，一切的好奇又都充满着恐惧。

我记得那个夏天。校园的梧桐树碧绿成荫，蝉歇斯底里地叫着，让我们本来就烦躁的心更加烦躁起来，窗户被全部推开，阵阵热风吹进教室，风扇无力地转着，闷热的教室让人仿佛要窒息，老师在白板上写满了知识点，不停地讲着最重要的部分。然而我们却都有气无力地听着，我也是，闷热的天气让我一句也听不进去，随意拿一张纸涂鸦，写下自己最喜欢的句子。

无数日夜便这样过去，时间流逝春去秋来，蝉停止了它无休无止的歌唱。梧桐叶早已变得金黄。一整个学期,我就这样画着自己的画,写着自己爱的字度过了。

　　我记得这个春天,这个春天似乎格外的美。明媚的阳光照耀着在操场上奋力奔跑的我们,将要来临的中考让我们压力剧增,我似乎已经感觉到了那魔掌正在一点点地靠近。新抽出的柳枝仿佛在一夜之间张开了自己的伞。含苞的连翘似乎迫不及待地想要盛开。蓝帘被风吹开,教室里的我们已经不再是那个只会打闹的我们。

　　紧张的气氛蔓延在整个教室,每个同学都在尽自己最大的努力全力投入紧张的复习之中,因为我们知道距离中考已经不到两个月,也明白这次中考意味着什么。

　　此刻,我终于明白,做自己喜欢的事那便是看着梦想,做关于青春的梦。

　　青春,是无法用语言来表达的字眼。追逐梦想的脚步才是青春,青春也充满了相遇、离别、喜悦、悲伤、爱和恨。

　　当我们体会出青春的味道时,青春的迷宫便会走到尽头,明白时,青春便成为最美好的回忆。

师:"人们常说,千古文章意为先。立意,是文章的灵魂,它像一根红线贯穿全篇;立意,是文章的灯塔,照亮读者的心灵。"读读这篇文章,谈谈你的发现。

生:三年的生活,有很多美好的遇见,有很多话要说呢。

生:崔双怡用"那个秋天""那个夏天"和"这个春天",差不多把三年的初中生活串了起来。

师:段首句排比,让我们很容易把握文章的脉络。在崔双怡的作文里,对"青春"有怎样的理解?

生:她文章开头说:"青春是一场奇异的梦境,在不知不觉间开始,又无声无息地结束，身在其中，却无比迷茫，仿佛你永远无法探索出青春的奥秘。"结尾也写道："青春，是无法用语言来表达的字眼。追逐梦想的脚步才是青春，青春也充满了相遇、离别、喜悦、悲伤、爱和恨。"

师： 从立意的角度讲，你能谈谈吗？

生： 这篇作文写了"青春，是无法用语言来表达的字眼"，可是她把对青春的所有感受，归结为"追逐梦想的脚步才是青春，青春也充满了相遇、离别、喜悦、悲伤、爱和恨"，这样"青春"这个魔术师的口袋一下子收紧了口，文章也完美收官。

师： 你从这篇文章里学到了什么？

生： 我觉得写文章，要从生活小事的圈子里走出来，站在圈外看世界，或者像孙悟空一样站在云端看世界，往往能发现很多事物有共同的特点，抓住了这些共性，就会有不一样的发现。

师： 审题有正误，立意有高低；意深则文深，意浅则文浅。清代王原祁说得好："如命意不高，眼光不到，虽渲染周致，终属隔膜。"审题立意大学问，愿爱好文学的我们能更好地学习这门学问。

课　评

拾级而上，低耗高效

——评曹静老师课例《准确审题　巧妙立意》

法洪雪

作文课向来以其高耗低效成为语文教学的难点，一线语文教师也一直在提高作文教学的实效和高效上做着勤恳的研究，曹静老师的这堂作文课就是其中一个实操范例。

一、不设审题障碍就是没有审题障碍吗

教育部 1994 年下发的《关于初中毕业、升学考试改革的指导意见》，对作文命题的要求是：不得设置审题障碍。不设审题障碍，审题就无障碍吗？未必！笔者曾经做过类似的实验：在不做任何审题训练和写作提示的前提下，安排学生写题为《母爱引领我成长》的命题作文，结果有 47% 的学生只写出了母爱，而并没有留意到"引领""成长"等关键词。为了验证学生审题障碍的相关问题，我在平行班、临校班级做了三次相同的实验，审题出现问题的学生比例分别是 55%、51% 和 46%。这说明，学生的审题问题不仅仅是不设置审题障碍就可以解决的。

那么，怎么解决呢？也就是说，怎么训练学生的审题能力呢？一线老师做过很多尝试，例如分门别类讲解、例文分析、精研题目里的虚词……但是，就训练效果而言，都不理想。

以上事实证明，学生作文过程中存在审题障碍，这个障碍不是题目设置的障碍，而是学生理解能力、感受能力方面存在的审题障碍。

二、如何解决这个审题障碍

曹静老师的这节作文指导课，是解决这一问题的一个有益尝试：它一改传统作文审题指导课的"老师讲讲""学生议议"模式，变成了老师邀请学生："来，你试试"。

其特点有三：

一是迈着台阶步步高

针对学生存在的审题能力不高、选材范围受限的种种问题，曹静老师设计了从起步到提升再到"完工"的几个环环相扣又步步提升的教学步骤。第一步，一写一评一提升，教师出示题目"哦，原来这才是_____"，引导学生

明白审题的过程就是读题的过程,审题就要一字不放,逐点排查,并且掌握审题技巧、立意技巧;第二步,二写二评二提升,用即时写作、仿写片段、师生研讨的方式,手把手地教给学生审题立意的具体操作技巧,也有了仿效的"模子";第三步,三写三评三提升,通过课上写作、拓段成篇的方式,夯实以上两个环节获得的作文技巧。三个环节,仿佛喊着"一二三"的号子,激励着学生行进在作文能力提升的台阶上。学生拾级而上,老师的功劳不可小觑:学生能力能达到的,老师做一下梳理;学生能力达不到的,老师做一下提升;学生出现失误的,老师做一下纠偏。学生在老师的指引下迈着台阶步步高。

二是能力提升有"弯道"

更值得借鉴的是,曹静老师在提升学生能力的过程中,并不急于将学生"推"到上一级的台阶,而是很有技巧地诱导,达成学生能力提升"弯道超车"的高效状态。

例如,在学生出现审题和命题失误的时候,曹静老师不是简单地告知,而是顺势而为:

> **生**:我写的是"哦,原来这才是爱"。在夜幕的笼罩下,……在爸爸每天的陪伴和帮助下,我的成绩不断提升。
>
> **师**:结尾的那句话,你忘记加上了。如果在这段话后面,加上那句"哦,原来这才是爱",可以吗?
>
> **生**:总觉得有些不妥当,但又说不出来是哪里不妥当。
>
> **生**:是"才是"不妥当,这段话后面应该接"哦,原来这就是爱"。
>
> **师**:那么,问题来了,"就是"与"才是"有什么不同?
>
> ……

特别喜欢曹静老师的这句"那么,问题来了……"

问题来了,这个问题不是老师抛出的问题,而是学生自己已经有了问题;问题来了,不是老师直接跟学生说"你做得不对,你有问题",而是顺着学生本身已经存在的问题指向,一步步引导,让学生恍悟他自己审题存在的问题,并思索自己的问题怎么解决;问题来了,不是教师教、学生学的"直线推进",而是"弯道超车"——让学生自己绕个弯儿,自己想明白,自己去解决,这种弯道行进,看似绕远,实际的效果却比走直道有效得多。

这样的老师对学生作文情况的把握不可谓不用心,这样的教学设计不可谓不巧妙。

三是目标达成有评价。

清华附中王殿军谈到核心素养时指出:"发展学生核心素养的关键在于评价,评价的关键是如何评价"。曹静老师的课是如何达成对学生的评价的呢? 当然,没有分数;有的,是这些评价环节:

1.请将下面的题目补充完整。

2.每个小组筛选出三至四个,由组长写在白板上。

3.小组讨论,自选角度,评价题目。

在这个环节中,学生之间有评价,师生有共同评价。有评价,就肯定有优劣,得到较高评价的学生欣欣然,没有得到高评价的学生也不必戚戚然。后者反而在大家的评价过程中得到了拟题能力的提升,因为在评价和被评价的过程中,这些学生会更多一些思考:我的题目为什么没有得到高评价? 他的题目为什么被推荐成了好题目? 我的题目该怎样修改才能成为好题目? 拟题的技巧是什么? 哦,原来,题目不能起得太空、太大;哦,原来题目还可以这样拟……

如何评价,很重要。在能力训练行进中的实时评价更重要:

生:我们组选的是"哦,原来这才是友情",还记得那次老师让我修改作文,我问谢萌怎么改,可她不告诉我,让我自己去思考。我当时心里不高兴,可是当我改完发给老师的时候,给她发了一条消息,告诉她我改完了。没想到她居然回复了一句"很晚了,我去睡了"。平时总爱早睡的她,这次居然一直陪我到深夜。

师:友谊是瞬间开放的花朵,时间会使它结果。"友谊"这个词可以用更美的词语替代吗？

生：那是一个春天的夜晚，改成"哦，原来这才是花开的声音"怎样？

这段精彩的教师评价，可谓不着痕迹。曹静老师在高度评价了学生的拟题和选材之后，适当给予了契合这个材料的拟题评价，问："'友谊'这个词可以用更美的词语替代吗？"即在评价的同时给予学生拟题的指导，且对这个学生发言的最终评价，更是提升了学生能力的层级，指明了拟题的技巧。

总之，此课例是作文教学如何高效低耗的有益尝试，是一次老师陪伴下进行写作能力提升的作文教学新探索，值得一线教师借鉴。

（法洪雪，胶州市初中语文教研员，齐鲁名师、山东师范大学硕士生实践导师、青岛市优秀教师、青岛市学科带头人、青岛市教学能手，领衔青岛市初中语文名师工作室、青岛市初中语文学科基地。）

课文里的那些"距离美"

教　材	部编版教材七年级上册
篇　目	《从百草园到三味书屋》《阿长与〈山海经〉》《社戏》《假如生活欺骗了你》
写作知识	感受距离之美

教学缘起

朱光潜先生说:"美和实际人生有一个距离,要见出事物本身的美,须把它摆在适当的距离之外去看。"

《义务教育语文课程标准(2018 年版)》的总目标中曾提出:"在语文学习过程中,培养爱国主义感情、社会主义道德品质,逐步形成积极的人生态度和正确的价值观,提高文化品位和审美情趣。"

初中课文中就藏着许多"距离"产生的美,教师不妨引导学生慢慢体会,仔细咀嚼,从中学会一二,对提高审美情趣是十分有益的。

教学过程

一、"时间距离"之美

(一)过去与现在

朱光潜先生说:"人对现在和过去的态度也有同样的分别。本来是很酸辛的遭遇到后来往往变成很甜美的回忆。"

回忆类的文章里往往藏着两个"我",一为童年的"我",一为成年的"我"。这两个"我",并存于一篇文章中,就会因"时间"距离而产生美。我以鲁迅的散文小说为例来谈。

《从百草园到三味书屋》中写道:"那时却是我的乐园"。"那时"尚在学龄前后,写这篇文章时已然四十多岁了。所以,尽管百草园"似乎确凿只有一些野草",尽管美女蛇的故事"很使我觉得做人之险",尽管先生对我很严厉且不肯回答我"怪哉"的疑问,但鲁迅对百草园的花鸟草虫仍觉兴趣盎然,对不情愿去的三味书屋里的陈设记忆犹新,对老先生的宽严相济感念于怀。

《阿长与〈山海经〉》中写道:"仁厚黑暗的地母啊,愿在你怀里永安她的魂灵!"阿长"辞了这人世,大概也有了三十多年了罢"。此时,再回忆起"我的保姆""长妈妈",曾经最讨厌她的切切察察,曾经对她摆成"大"字的睡相无法可想,曾经不耐烦地听她讲各种规矩,尤其在元旦早上还得吃下冰冷的福橘,三十年后,这些似乎都化作了尊敬和感激,化作了对长妈妈的真诚惦念以及对年幼无知的时光的深切怀念。

《社戏》中写道:"真的,一直到现在,我实在再没有吃到那夜似的好豆,——也不再看到那夜似的好戏了。"分明"那豆"和第二天"六一公公"送来的是同一片田里的豆,那戏也只勉强看了个半场,铁头老生也懈了,老旦咿咿呀呀地唱个没完。那"好戏""好豆"的评价,是"现在",即成年以后对少年时代生活的怀念,特别是对农家朋友诚挚情谊的眷念。

时间就是这样有魔力,像一个长焦镜头,使许多不愉快的背景变得朦胧,却使那些甜美的回忆变得清晰。

(二)现在与将来

"一件本来惹人嫌恶的事情,如果你把它推远一点看,往往可以成为很美的意象。"朱光潜先生的话,告诉我们可以主动寻找"距离"产生的美。除了回想过去,品味甜美的回忆,也可以遥想未来,憧憬快乐。

《假如生活欺骗了你》中普希金说："忧郁的日子里须要镇静,相信吧,快乐的日子将会来临。""一切都是瞬息,一切都将会过去;而那过去了的,就会成为亲切的怀恋。""忧郁的日子"是眼前的感受,把它推远到未来,同样一件事,隔开了一段时间距离,就成了"亲切的怀恋"。

《未选择的路》中弗罗斯特说："也许多少年后在某个地方,我将轻声叹息将往事回顾:一片树林里分出两条路,而我选择了人迹更少的一条,从此决定了我一生的道路。"自己走过的人生之路"荒草萋萋""人迹更少",因此对"未选择的路"心存美好的向往。这是多数人都曾有过的感慨。其实,如果当初他选择了那条"未选择的路",也许又会对这一条路念念不忘,心存向往了。

最令人称奇的是李商隐的《夜雨寄北》："何当共剪西窗烛,却话巴山夜雨时。"如果有那么一天,我们一起坐在家里的西窗下,共剪烛花,相互倾诉对今宵巴山夜雨的思念之情,那该多好!作者由眼前去写未来,盼望在重聚的欢乐中追话今夜的一切。于是,未来的乐,自然反衬出今夜的苦;而今夜的苦又成了未来剪烛夜话的材料,增添了重聚时的乐。这两句诗,就在时间隧道穿越了一个来回,情景交融,构成如此完美的意境。

二、"空间距离"之美

朱光潜先生举过一个例子："我的寓所后面有一条小河通莱茵河。我在晚间常到那里散步一次,走成了习惯,总是沿东岸去,过桥沿西岸回来。走东岸时我觉得西岸的景物比东岸的美;走西岸时适得其反,东岸的景物又比西岸的美。"

由此,自然地联想起卞之琳的《断章》："你站在桥上看风景,看风景的人在楼上看你,明月装饰了你的窗子,你装饰了别人的梦。"之所以有这种美感效果,就是因为看风景的桥上人和看"你"的楼上人不在一处,隔着那么一段距离,虽可望而不可即。

因"空间距离"而产生的美,不止这一处。

刘禹锡写道:"晴空一鹤排云上,便引诗情到碧霄。"

李白写道:"我寄愁心与明月,随君直到夜郎西。"

苏轼写道:"我欲乘风归去,又恐琼楼玉宇,高处不胜寒。"

郭沫若也写道:"我想那缥缈的空中,定然有美丽的街市。街市上陈列的一些物品,定然是世上没有的珍奇。"

因为"碧霄"与"明月"遥不可及,就生出许多情思与遐想。如果真正到了云端,登上月球,恐怕就没有这么多浪漫可言了。大气层的空气密度随高度而减小,越高空气越稀薄,"碧霄"中没有什么诗情画意;月球上连个人影也没有,李白的"愁心"也无可寄托;月球表面布满了由小天体撞击形成的撞击坑,并没有苏轼、郭沫若笔下的"琼楼玉宇"和"美丽的街市"。

古今诗人,都不拘泥于眼前的世界,把视线投向远方,投向天际,空间距离的阔大,让人陡然而生向往之情。美,就在这可望而不可即的空间距离中诞生了。

三、"物是人非"之美

时间距离令曾经不愉快的经历,变得让人留恋;空间距离,让遥不可及的事物,化作美好的憧憬。还有一种距离,叫作"物是人非"。

王昌龄在《闺怨》中写道:"闺中少妇不知愁,春日凝妆上翠楼。忽见陌头杨柳色,悔教夫婿觅封侯。"忽然看到路边的杨柳春色,惆怅之情涌上心头。她后悔当初不该让丈夫从军边塞,建功封侯。"陌头杨柳色"与"夫婿"之间的距离,让人顿生"物是人非"之感。

史铁生在《秋天的怀念》中写道:"又是秋天,妹妹推着我去北海看了菊花。黄色的花淡雅,白色的花高洁,紫红色的花热烈而深沉,泼泼洒洒,秋风中正开得烂漫。我懂得母亲没有说完的话。妹妹也懂。我俩在一块儿,要好好儿活……"菊花在秋风中开得绚烂,而喜欢花的母亲,疼爱儿子的母亲,却已不在人世。菊花与母亲之间,阴阳两隔,有着不可逾越的距离,正是这个距离,让作者悔恨先前对母亲的不解,悔恨"子欲养而亲不待",让读者跟着作者也簌簌地落下泪来。

李白有诗"此夜曲中闻折柳,何人不起故园情",李益有诗"不知何处吹芦管,一夜征人尽望乡",杜甫有诗"正是江南好风景,落花时节又逢君"。睹物思人,触景生情,皆因"景"或"物",与"人"之间横亘着一段看不见、摸不到的距离。

都德的《最后一课》中为什么顽皮逃学的小弗朗士,能在一节课的时间里变得热爱法语课?原因就是作者把小弗朗士和法语课之间的距离一下子推开很远,甚至可能一辈子不再相见。当法语课天天在他身边时,他觉得分词讨厌、课本沉重、老师严厉,戒尺怕人。可是当他得知这是自己最后一堂法语课时,他开始懊悔自己不能把出名难学的分词用法从头到尾说出来,他觉得课本好像是自己的老朋友,他开始同情韩麦尔先生这个"可怜的人",他恍然感觉教室和小院子里的一切都变得亲切。

朱光潜先生说:"持实用的态度看事物,它们都只是实际生活的工具或障碍物,都只能引起欲念或嫌恶。要见出事物本身的美,我们一定要从实用世界跳开,以'无所为而为'的精神欣赏它们本身的形象。""艺术上有许多地方,乍看起来,似乎不近情理。""艺术本来是弥补人生和自然缺陷的。如果艺术的最高目的仅在妙肖人生和自然,我们既已有人生和自然了,又何取乎艺术呢?"

感谢古今中外的艺术家和审美者,给我们留下这么多的美文美篇,并浓缩于语文课本中,把"美"的种子播撒在孩子们的心里,直至未来的某个日子里,开出绚烂的花朵。

课文里的那些花儿，何以脉脉含情

教 材	部编版教材七年级上册
篇 目	《春》《紫藤萝瀑布》《散步》 《秋天的怀念》《一棵小桃树》
写作知识	以我的情趣移注于物， 以物的姿态移注于我。

教学缘起

　　朱光潜先生说："人与人，人与物，都有共同之点，所以他们都有互相感通之点。"是的，正因如此，庄子看到鲦鱼"出游从容"，就"知鱼之乐"。庄子把自己的"乐"的心境投射到鱼身上了。

　　何止庄子，我们日常也会有这种体验。就是把自己的情感移到外物身上去，仿佛觉得外物也有同样的情感。朱光潜先生称之为"移情作用"。他进一步阐释："美感经验中的移情作用不单是由我及物的，同时也是由物及我的。"再简为两句话："以我的情趣移注于物，以物的姿态移注于我。"

教学过程

　　课文中的花草树木，皆含情脉脉。那么，作家们是如何向读者传情达意的呢？

一、以我之情趣移注于花

朱光潜先生说："物的形象是人的情趣的返照。物的意蕴深浅和人的性分密切相关。深人所见于物者亦深,浅人所见于物者亦浅。比如一朵含露的花,在这个人看来只是一朵平常的花,在那个人看或以为它含泪凝愁,在另一个人看或以为它能象征人生和宇宙的妙谛。一朵花如此,一切事物也是如此。因我把自己的意蕴和情趣移于物,物才能呈现我所见到的形象。"

课文中花语颇多,其形其色,皆寓作者深情。如朱自清笔下的"春花图"和宗璞笔下的紫藤萝,看起来都写出了花之繁密、春之喜悦。然而,细想却因各自心境而意蕴不同。

朱自清的《春》里写道:"桃树、杏树、梨树,你不让我,我不让你,都开满了花赶趟儿。"桃花、杏花、梨花并非同时绽放,朱自清笔下这幅百花争艳图多少含有想象的成分。原来,朱自清当时虽置身在污浊黑暗的旧中国,但他的心灵世界是一片澄澈明净,他的精神依然昂奋向上。朱自清把他健康高尚的审美情趣,把他对美好事物的无限热爱,将他对人生理想的不懈追求熔铸到文章中去。因此有人说:朱自清的"春景图",不是他故乡江浙一带的那种温暖潮湿的春景,也不是北方城郊的那种壮阔而盎然的春景,更不是画家笔下那种如实临摹的写生画,而是作家在大自然的启迪和感召下,由他的心灵酿造出来的一幅艺术图画。

宗璞的《紫藤萝瀑布》也写了花语:"花朵儿一串挨着一串,一朵接着一朵,彼此推着挤着,好不活泼热闹!"

紫藤萝在宗璞笔下笑出了声,"欢笑""挑逗""活泼热闹""在笑""嚷嚷",也许是一群孩童钻到了紫藤萝花里玩耍;紫藤萝在宗璞笔下跳起了舞,"从空中垂下""在流动""迸溅""闪光",也许是一群少女穿着紫纱裙在阳光下翩翩起舞。那一刻,宗璞太需要笑声了,太想念活泼热闹了。生死的疑惑、疾病的痛楚,这些在她心头萦绕得太久太久了……

原来，同样写花的活泼热闹，朱自清笔下的春花图写出了沉寂已久的梦想，宗璞笔下的紫藤萝写出了挣扎之后生命的喜悦。难怪朱光潜先生这样说："各人的世界都由各人的自我伸张而成。欣赏中都含有几分创造性。"

二、以花之姿态移注于我

朱光潜先生说："人不但移情于物，还要吸收物的姿态于自我，还要不知不觉地模仿物的形象。所以美感经验的直接目的虽不在陶冶性情，而却有陶冶性情的功效。心里印着美的意象，常受美的意象浸润，自然也可以少存些浊念。"

朱自清的《春》之花红草绿、风和鸟鸣、山青水涨，万物皆舒展，人岂能不抖擞精神、舒活筋骨，各做各的一份事去？

在宗璞的《紫藤萝瀑布》中，紫藤萝开得这样盛，让我不由得停下脚步；紫藤萝笑得这样酣畅，让我沉浸在这繁密的花朵的光辉中忘却了生死之疑惑；紫藤萝的花仓里满装生命的酒酿，让我不由得加快了脚步。

在莫怀戚的《散步》中，油菜花是金色的。古诗里的油菜花都是黄色的，"吹苑野风桃叶碧，压畦春露菜花黄。""儿童急走追黄蝶，飞入菜花无处寻。"可莫怀戚为什么写出"金色"呢？原来，"菜花"有"阳光"的眷顾，便成了金色，而"阳光"喻示着生命的希望，恰好切合本文主题。在金色油菜花的召唤下，"我们就在阳光下，向着那菜花、桑树和鱼塘走去了"。

史铁生的《秋天的怀念》，像在为菊画一幅油画，"黄的""白的""紫红的"，极尽浓墨重彩。"不是花中偏爱菊，此花开尽更无花"。菊花在百花之中是最后凋谢的，这秋风中生命的烂漫，让史铁生忽然懂得了母亲的话"好好儿活，好好儿活"。妹妹也懂。

贾平凹的《一棵小桃树》，只剩下高高的枝儿上的一个花苞了，它寄托着"我"的希望。所以，作者不知道用什么词来写花苞了，连用"嫩黄的""嫩红的"，就像一个孩子见到自己梦寐以求的礼物时，反而语无伦次、手足无措的样子。就是这弱弱的花苞,"像风浪里航道上的指示灯,闪着时隐时现的嫩黄的光,嫩红的光。"

作家比一般人更懂得花语。他们知道,花之千姿百态,是上天馈赠给自己的礼物。朱光潜先生说:"要达到物我同一的境界,在物我同一的境界中,移情作用最容易发生,因为我们根本就不分辨所生的情感到底是属于我还是属于物的。"

明白了这一点,我们再来审视习作中那些不太成功的写景状物,问题出在哪里?一是"物"中没有"我"。所写景物,只是照片似的景物,却没有把人的情感送进景物描写中,写出来的文章怎么会生动?二是"我"中没有"物"。大自然给了人类多少智慧的启迪,努力拉近"物"与"我"的距离,学习它,模仿它,才能达到物我同一的境界。